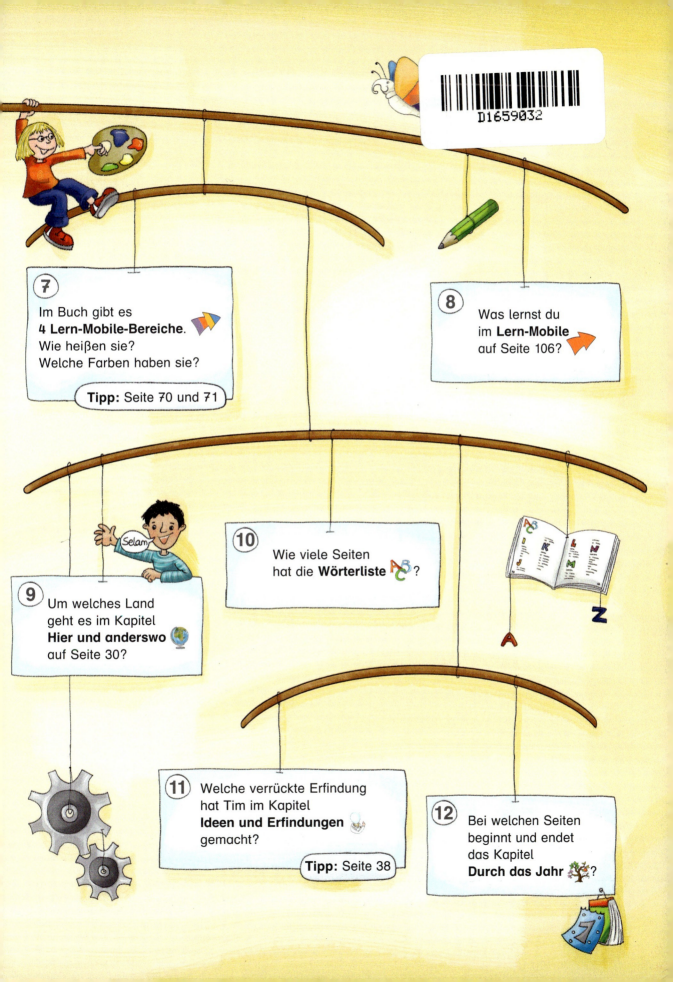

7 Im Buch gibt es **4 Lern-Mobile-Bereiche**. Wie heißen sie? Welche Farben haben sie?

Tipp: Seite 70 und 71

8 Was lernst du im **Lern-Mobile** auf Seite 106?

9 Um welches Land geht es im Kapitel **Hier und anderswo** auf Seite 30?

10 Wie viele Seiten hat die **Wörterliste**?

11 Welche verrückte Erfindung hat Tim im Kapitel **Ideen und Erfindungen** gemacht?

Tipp: Seite 38

12 Bei welchen Seiten beginnt und endet das Kapitel **Durch das Jahr**?

Hinweise auf die **Mobile-Materialien für Klasse 2** finden sich im hinteren Teil des Buches.

Herausgegeben von
Kathrin Walcher-Frank, Aalen
Claudia Crämer, Wannweil
Dr. Stephanie Jentgens, Wuppertal

Erarbeitet von
Claudia Crämer, Wannweil
Annette Graf, Waiblingen
Dr. Stephanie Jentgens, Wuppertal
Konstanze Krieg, Schwäbisch Gmünd
Myriam Prahl, Hannover
Kathrin Walcher-Frank, Aalen

Unter Beratung von
Prof. Dr. Annegret von Wedel-Wolff, Bremen
Prof. Dr. Manfred Wespel, Schwäbisch Gmünd

Illustriert von
Antje Hagemann, Berlin
Silke Reimers, Mainz
Oda Ruthe, Braunschweig

Mobile

Sprachbuch **2**

westermann

Inhalt

Mobis Besuch am Meer — Seite 4

Ich – du – wir — Seite 10

Große und kleine Tiere — Seite 16

Fantastisch und märchenhaft — Seite 22

Hier und anderswo — Seite 28

Ideen und Erfindungen — Seite 34

Leseratten und Computermäuse — Seite 40

In der Natur — Seite 46

Gemeinsam geht es besser — Seite 52

Durch das Jahr — Seite 58

Das Lern-Mobile	Seite 70 – 129
Sprechen und zuhören	Seite 72
Richtig schreiben	Seite 78
Texte schreiben	Seite 106
Sprache untersuchen	Seite 116

Wörterliste	Seite 130

Diese Zeichen findest du im Sprachbuch:

 Schreibe in dein Heft.

 Arbeite mit einem anderen Kind zusammen.

 Diese Aufgabe kannst du zusätzlich machen.

 Hier findest du eine Forscherfrage.

 Hier kannst du basteln oder spielen.

 Eigene Texte, Bilder oder Spiele kannst du sammeln. Wähle einige davon aus. So entsteht dein Lernschatz.

 Diese Aufgabe kannst du in dein Ich-Heft schreiben.

 Schlage die Wörter im Wörterbuch oder in der Wörterliste nach.

 Diese Aufgabe ist für die Arbeit mit deinem Wörterheft oder deinem Wörterkasten.

 Schlage diese Seite auf. Dort findest du Tipps und Übungen.

 Hier kannst du im Arbeitsheft weiterüben.

Mobis Besuch am Meer

Die Kinder erzählen von ihren Ferien.
Ole war an der Ostsee.
Er zeigt eine Muschel und erzählt,
wo er sie gefunden hat.

Nun ist Mobi an der Reihe.
Er zeigt einen Brief von seiner Freundin Emma.

1. Löse das Rätsel von Emma.
   Lieber Mobi,
   bi …

Ich flog sofort los.
Plötzlich tobte ein Sturm
und wirbelte mich hin und her.
Da sah ich eine alte Burg mit einem Turm.
Ich dachte:
„Dort finde ich bestimmt Schutz.
Nichts wie hinein!"

Nur wer alle Vogelnamen findet, darf auf den Turm!

-in	-gei	-se
-mei-	-gu-	-pa-
Pa-	Pin-	Blau-
-sel	-be	-le
Ra-	Am-	Eu-
-ler	-we	-be
Mö-	Tau-	Ad-

1. Setze aus den Silben Vogelnamen zusammen.
   die Mö-we, …

2. Suche weitere Tiernamen.
   Schreibe sie in Silben auf.
   das Kro-ko-dil, …

setzt Wörter aus Silben zusammen
zerlegt Wörter in Silben

Auf dem Turm traf ich einen Raben.
Ich fragte ihn nach dem Weg ans Meer.
Seine Antwort war sehr seltsam.

Ein Vogel landet nach dem Sturm,
hier oben auf dem alten ____.
Ich frage ihn: „Wo kommst du her?"
Er sagt zu mir: „Ich will ans ____!"
„Fliege schnell, so bist du bald
auf dem Weg zum dunklen ____.
Auf keinen Fall darfst du zum Berg,
dort wohnt ein ziemlich böser ____.
Und jetzt ein guter Rat zum Schluss,
das Meer kommt nur, folgst du dem ____!"

1. Suche die passenden Reimwörter.
   Schreibe die Reimpaare auf. 📝
   der Sturm – der Turm, …
2. Schreibe andere Reimpaare auf. 📝

1. Ordne die Suppen-Buchstaben nach dem Abc.
 A, B, C, D, ...

2. Schreibe dein Anlaut-Abc auf.
 A wie Ameise
 B wie Baum
 C wie ...

Ich – du – wir

Ich bin ich

S. 72
Zuhören und verstehen

1. Was machen die Kinder gern? Erzähle.

2. Was machst du gern? Erzähle.
   Dein Partner soll der Klasse erzählen, was du gesagt hast.

3. Schreibe auf, was die Kinder gern machen.
   Mia reitet gern …

In das ICH-Heft malen
und schreiben Mia und Ole
etwas über sich und andere,
eigene Geschichten,
Bilder und Gedichte.
Zuerst gestalten sie das Deckblatt.

4. Lege auch ein ICH-Heft an.
   Gestalte deinen Anfangsbuchstaben
   oder deinen Namen für dein Deckblatt.

erzählt frei
hört zu, versteht und reagiert
gestaltet mit Schrift

Das bin ich
Ich heiße Mia.
Ich bin 7 Jahre alt.
Ich habe braune Haare.
Oft habe ich zwei Zöpfe.
Meine Lieblingsfarbe ist grün.

Das mache ich gern
Ich reite gern.
Jeden Mittwoch gehe
ich auf einen Reiterhof.
Da darf ich voltigieren.

1. So hat Mia ihr ICH-Heft angefangen.
   Lies, was Mia geschrieben hat.
2. Male und schreibe über dich.

Das kann ich gut
— rechnen
— mit der Laubsäge sägen
— Fußball spielen
— zuhören

Das kann ich gut
Ich kann gut Fußball spielen.
Mit meinem Opa säge ich oft
kleine Dinge aus Holz aus.

S. 106
Stichwörter
für Texte
sammeln

3. Ole möchte in sein ICH-Heft schreiben, was er gut kann.
   Er schreibt zuerst Stichwörter auf.
   Danach schreibt er einen Text.
   Lies, was Ole geschrieben hat.
4. Was kannst du gut? Schreibe Stichwörter auf.
5. Schreibe nun über dich.
   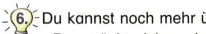
6. Du kannst noch mehr über dich in dein ICH-Heft schreiben:
   • Das möchte ich noch besser können
   • Das interessiert mich

S. 108
Eigene Texte
schreiben

entwickelt und sammelt Schreibideen (Stichwörter)
schreibt eigene kurze Texte

Freunde und Familie

Meine Familie

Meine Mutter heißt Marlene.
Sie sammelt Handtaschen.
Mein Vater ist Maurer.

1. Was siehst du auf dem Bild? Erzähle.

2. Ordne die Wörter in eine Tabelle ein. Kreise den ersten Buchstaben blau ein.

Menschen	Tiere	Pflanzen	Dinge
die Mutter		der Baum	

S. 118
Nomen verwenden und erkennen

3. Trage weitere Nomen in die Tabelle ein.

4. Male auch ein Bild von deiner Familie und schreibe die Nomen dazu.

5. Schreibe über deine Familie.

Wörter für Menschen, Tiere, Pflanzen und Dinge sind **Nomen**. Nomen schreiben wir groß.

verwendet Nomen
beachtet Großschreibung von Nomen
schreibt eigene kurze Texte

AH S. 65, 66

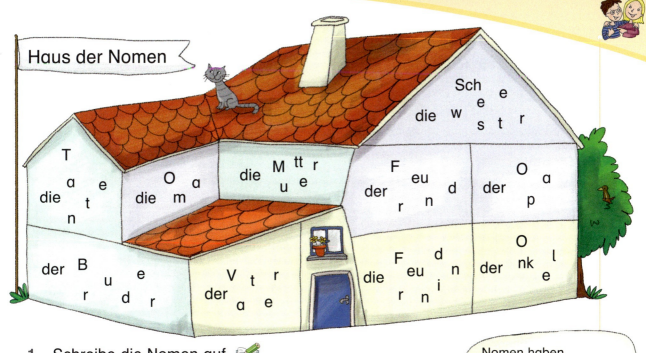

Haus der Nomen

1. Schreibe die Nomen auf.
   der Vater, die …

2. Suche weitere Nomen
   und schreibe sie mit einem Begleiter auf.

   Nomen haben Artikel (Begleiter).
   Sie heißen **der**, **die**, **das** oder **ein**, **eine**.

   Ich habe eine Schlange/Katze.

   Sie spielt gern mit dem Besen/Ball.

   Mein Bruder/Opa schaut uns oft zu.

3. Schreibe den richtigen Text ab.

4. Schreibe alle Nomen mit Artikel (Begleiter) auf.
   eine Schlange – die Schlange, …

5. Manche Nomen sind keine Wörter
   für Menschen, Pflanzen, Dinge und Tiere.
   Es sind Nomen wie: die Angst, der Lärm, …
   Findest du noch andere Wörter?

S. 94
Wörter richtig abschreiben

Meine Klasse

1. Die Kinder haben ein Abc-Mobile gebastelt.
   Einige Buchstaben fehlen noch.
   Schreibe das Abc vollständig auf.
   A, a, B, b, C …

2. Die Kinder aus Mias Klasse wollen sich nach dem Abc aufstellen.
   Ordne ihre Namen nach dem Abc.
   Anna, …

3. Wie müssen sich Furkan und Felix aufstellen?

So könnt ihr
ein Klassen-Abc herstellen:
- Jedes Kind schreibt seinen Namen groß auf eine Karte.
- Die Namen werden nach dem Abc an der Tafel geordnet.

4. Lege ein Klassen-Abc in deinem ICH-Heft an.

5. Du kannst auch die Telefonnummern eintragen lassen.

kennt das Abc
sortiert nach dem Abc
beachtet Großschreibung von Nomen

AH S. 29, 30

Mach mit!

1
Zerschneide ein Blatt in 4 gleiche Streifen.

2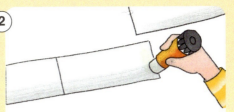
Klebe die Streifen aneinander.

3
Falte deinen langen Streifen zu einem Leporello.

4
Gestalte jedes Feld mit einem Bild und einem Buchstaben.

Übungswörter

die Mutter – die Mütter	ich bin – er ist – wir sind	und
der Vater – die Väter	heißen – ich heiße	die Klasse
mögen – ich mag	der Freund – die Freunde	die Schule
haben – er hat	spielen – er spielt	mein

A. Trage die Übungswörter ein.

B. Zeichne Silbenbögen unter die Nomen.
 die Klasse

C. Schreibe 3 Wörter in Geheimschrift auf.
 Dein Partner soll die Buchstaben eintragen.
 die utt

D. Ole ist der freund von mia.
 Ein Kind hat 2 Fehler gemacht.
 Erklärt, wie man diesen Satz richtig schreibt.

→ S. 96 bis S. 99
Mit Übungswörtern arbeiten
① ② ⑤ ⑦

Große und kleine Tiere

Mein Lieblingstier

> Mein Lieblingstier hat vier Beine.
> Es wohnt in einem Käfig.
> Am liebsten frisst es Salat.
> Es ist klein und kann fiepen.
> Es fängt mit M an.

> Mein Lieblingstier
> hat auch vier Beine.
> Es wohnt in einem Stall.
> Am liebsten frisst es Hafer.
> Es ist groß und hat Hufe.
> Man kann darauf reiten.

1. Welche Tiere haben Lara und Tom beschrieben?

2. Schreibe dein eigenes Tierrätsel auf.
   Ein anderes Kind soll raten.

Mein Meerschweinchen Justus

Ich habe Justus zum Geburtstag bekommen.
Er ist ein Jahr alt und hat ein weiches Fell.
Wenn ich aus der Schule komme,
fängt er an zu fiepen.
Dann schmuse ich mit ihm.   Simon

S. 108
Eigene Texte
schreiben

3. Simon hat im ICH-Heft über sein Lieblingstier geschrieben.
   Lies den Text.

4. Schreibe über dein Lieblingstier.

hört zu, versteht und reagiert
schreibt kurze Texte nach Mustern (Rätsel)
schreibt eigene kurze Texte

S. 78
Wörter in Silben zerlegen

1. Setze die Silben zu Tiernamen zusammen.
   die Ente

2. Sortiere die Wörter.

2 Silben	3 Silben
die Ente	die Schildkröte

3. Suche weitere Tiernamen und trage sie in deine Tabelle ein.

4. Suche Tiernamen mit nur einer Silbe.

5. Immer zwei Wörter reimen sich.
   die Ziege – die Wiege

6. Bilde lustige Sätze mit den Reimwörtern.
   Die Ziege schläft in der Wiege.

7. Suche weitere Reimpaare.

Auf dem Bauernhof

S. 118
Nomen verwenden und erkennen

1. Das ist der Bauernhof von Herrn Zeller.
   Von welchen Tieren hat Herr Zeller mehr als eines?
   Er hat ein Pferd.
   Er hat viele Hasen.

   > Nomen können in der Einzahl und in der Mehrzahl stehen.

2. Lege eine Tabelle an.
   Kreise ein, was sich bei der Mehrzahl verändert.

Einzahl	Mehrzahl
ein Pferd	viele Pferde

3. Es gibt Nomen,
   die sich in der Mehrzahl nicht verändern.
   Suche solche Nomen.
   ein Igel – viele Igel

S. 106
Stichwörter für Texte sammeln

4. Wähle ein Tier von Herrn Zeller aus.
   Schreibe auf, was du über das Tier weißt.
   Die Kuh
   Die Kuh gibt Milch. Sie frisst …

   > Die Kuh
   > – gibt Milch
   > – frisst …

entwickelt und sammelt Schreibideen (Stichwörter)
bildet Nomen in Einzahl und Mehrzahl
schreibt eigene kurze Texte

AH S. 36, 37, 38

Mia und Ole besuchen Herrn Zeller	auf der Weide.
Mia reitet	auf dem Misthaufen.
Ole sucht die Schafe	auf dem Zaun. im Stall.
Der Hahn sitzt	
Die Kühe stehen	auf dem Bauernhof.
Die Katze läuft	auf dem Pferd.

1. Setze die Sätze zusammen.
   Mia reitet auf dem Pferd.

2. Kreise ein:
   • die Großbuchstaben am Satzanfang
   • den Punkt am Satzende
   Ⓜia reitet auf dem Pferd ⊙

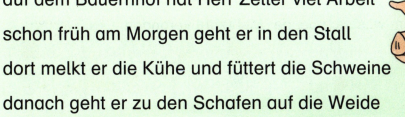

auf dem Bauernhof hat Herr Zeller viel Arbeit

schon früh am Morgen geht er in den Stall

dort melkt er die Kühe und füttert die Schweine

danach geht er zu den Schafen auf die Weide

3. Lies den Text.
4. Überlege:
   • Wo fehlen Punkte?
   • Wo musst du großschreiben?
5. Schreibe den Text richtig ab.

Am Satzanfang schreiben wir groß.

➜ S. 94
Wörter richtig abschreiben

beachtet Großschreibung von Satzanfängen
setzt Satzzeichen (Punkt)
schreibt richtig ab

Im Zoo

"Der Elefant hat alle Selbstlaute geklaut!"

"In jeder Silbe ist ein Selbstlaut."

S. 78
Wörter in Silben zerlegen

1. Tom und Lara machen einen Ausflug in den Zoo.
   Welche Tiere sehen sie? Schreibe sie mit Artikel (Begleiter) auf.
   die Flusspferde, die …

2. Kreise alle Selbstlaute ein
   und zeichne Silbenbögen ein.
   Was fällt dir auf?
   die Flusspferde

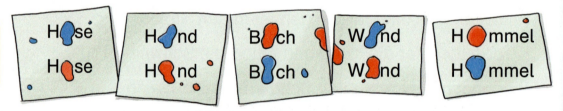

S. 116
Selbstlaute und Mitlaute unterscheiden

S. 21
Mach mit

3. Mit den Selbstlauten kannst du hier 2 Wörter bilden.
   die Hose – der Hase

4. Schreibe zu jedem Wortpaar einen lustigen Satz auf.
   Die Hummel küsst den Himmel.

5. Lies das erste Wort vor.
   Dein Partner sagt, wie das zweite Wort dazu heißt.

> **Mach mit!**

Elefant Tiger Lama Hamster Hase Zebra
Delfin Kamel Nashorn Ente Krokodil Löwe

1. Schreibe die Wörter auf Karten und ersetze manche Selbstlaute durch einen Strich.

2. Welcher Buchstabe fehlt? Dein Partner soll ihn einsetzen.

Übungswörter

das Schaf	der Stall – die Ställe	vor
die Katze	leben – ich lebe	die Kuh – die Kühe
fressen – ich fresse	gehen – du gehst	der Zoo
weich	der Hund – die Hunde	drei
das Tier	das Pferd – die Pferde	oft
viel – viele	zwei	liegen – du liegst

A. Trage die Übungswörter ein.

B. Ordne die Nomen nach dem Abc.

C. Schreibe Sätze mit den Übungswörtern.
Unterstreiche die Übungswörter.
Das Schaf frisst gerne Gras.

D. das Pferd steht im stall.
Ein Kind hat 2 Fehler gemacht.
Erklärt, wie man den Satz richtig schreibt.

S. 96 bis S. 99
Mit Übungswörtern arbeiten
1 2 3 6

*spricht deutlich
schreibt Wörter richtig auf
arbeitet mit Übungswörtern*

Fantastisch und märchenhaft

Grüne Giraffen

1. Sieh dir das Bild an und erzähle.

S. 108
Eigene Texte schreiben

2. Schreibe eine Geschichte zum Bild.
   Mein Traum

3. Sprich die Wörter mit **B**, **D** und **G**.
   Diktiert euch die Wörter gegenseitig.

4. Suche weitere Wörter mit **B**, **D** und **G**.
   Diktiert euch die Wörter gegenseitig.

Bei **B**, **D** und **G** spürst du nur wenig Luft.

Die Bananen sind bunt.
Der Dino düst mit einer Dose durch die Welt.
Die Giraffe frisst gelbe Gurken mit einer großen Gabel.

S. 80
Ähnliche Laute unterscheiden

5. Setze **B/b**, **D/d** oder **G/g** ein
   und schreibe die Sätze richtig ab.

6. Schreibe eigene Sätze mit **B/b**, **D/d** oder **G/g** auf.

22 | erzählt zu einem Bild
unterscheidet ähnliche Laute (B, D, G)
schreibt eigene kurze Texte | AH S. 10, 40, 41

Der Elefant kann …
Der Fisch kann …
Der Igel kann …
Der Löwe kann …

tanzen   fliegen   lesen   singen

1. Sieh dir die Bilder an und schreibe den passenden Satz auf. Unterstreiche rot, was diese Tiere können.
   Der Elefant kann fliegen.

➜ S. 122
Verben verwenden und erkennen

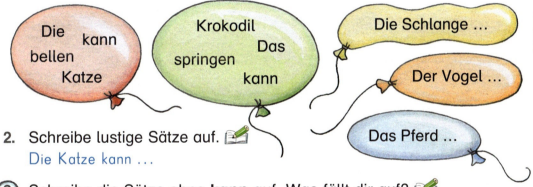

Die Katze kann bellen
Das Krokodil kann springen
Die Schlange …
Der Vogel …
Das Pferd …

⚑ S. 27
Mach mit

2. Schreibe lustige Sätze auf.
   Die Katze kann …

3. Schreibe die Sätze ohne **kann** auf. Was fällt dir auf?
   Die Katze bellt.

4. Schreibe die Wörter auf und prüfe sie.
   Biber mit Buch, …

➜ S. 100
Wörter nachschlagen

unterscheidet ähnliche Laute (B, D, G)
schlägt Wörter nach
verwendet Verben in Grund- und Personalform

AH S. 10, 30, 68

Es war einmal …

Der Mann ist alt.
Der Bart ist lang.
Der Mantel ist weit.
Der Hut ist spitz.

Die Adjektive helfen dir:
reich, schön, arm, jung,
groß, alt, klein, böse, gut,
hässlich, rosa, weiß,
krumm, kurz, lang.

S. 126
Adjektive
verwenden
und erkennen

1. Welches Bild passt zum Rätsel?

2. Denke dir Rätsel zu den anderen Bildern aus.
   Die Nase ist …

3. Lies dein Rätsel vor.
   Dein Partner soll raten,
   welche Figur du beschrieben hast.

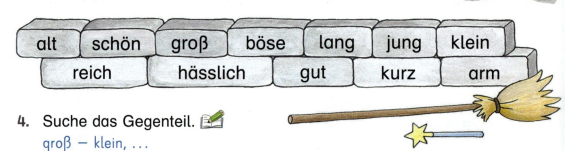

4. Suche das Gegenteil.
   groß — klein, …

5. Schreibe Sätze auf und unterstreiche alle Adjektive grün.
   Der Riese ist groß.

6. Setze das Adjektiv vor das Nomen. Was fällt dir auf?
   Der Riese ist groß. → der große Riese

schreibt eigene kurze Texte
verwendet Adjektive

1. Die Hexe zaubert.
   Schreibe die Wörter
   in der Einzahl und Mehrzahl auf.
   der Hut — die Hüte

2. Suche weitere Nomen.
   Schreibe sie in der Einzahl und Mehrzahl auf.

▶ S. 118
Nomen
verwenden
und erkennen

die Bälle

die Hände

die Bänke

die Räder

die Äpfel

die Äste

die Dächer

die Blätter

3. Trage das passende Wort in der Einzahl ein.
   Unterstreiche **ä** und **a**.

Mehrzahl	Einzahl
die Bälle	der Ball

4. Die Wörter schreibt man in der Mehrzahl mit **ä**.
   Suche 3 Wörter aus und begründe.
   Ich schreibe Bälle mit ä, weil die Einzahl Ball heißt.

5. Sammle Wörter mit **äu**.
   die Mäuse → die Maus

S. 88
Wörter
mit ä und äu
ableiten

leitet Wörter mit ä ab
bildet Nomen in Einzahl und Mehrzahl

Zauberei

S. 116
Selbstlaute und Mitlaute unterscheiden

1. Sprich den Zauberspruch von Zauberer Lux.
   Ersetze alle **e** im Zauberspruch durch ein **i**.
   S<u>i</u>mb …

2. Sprich den Zauberspruch auch mit **o**, **a** und **u**.

3. Wie können die anderen Zaubersprüche heißen?
   Setze die Vokale ein.

4. Erfinde einen eigenen Zauberspruch.

> der vergessliche zauberer
>
> es war einmal ein sehr alter zauberer.
> er konnte sich seine zaubersprüche
> nicht mehr merken.
> einmal wollte er sich ein auto zaubern,
> aber vor ihm stand ein bett mit rädern.

S. 118
Nomen verwenden und erkennen

5. Schreibe den Text richtig ab.
   Achte auf die Satzanfänge und die Nomen.

6. Prüfe die Nomen.

Wort	Seite
der Zauberer	S. 135

S. 100
Wörter nachschlagen

7. Schreibe die Geschichte weiter.

Das erste Wort der Überschrift schreibt man groß.

Mach mit!

1
Schreibt Märchenfiguren auf Karten.

2
Malt die Märchenfiguren dazu.

3
Schreibt auf andere Karten, was die Märchenfiguren können.

4
Legt alle Karten auf den Tisch. Sucht Kartenpaare.

Übungswörter

der Ball – die Bälle	essen – er isst	groß
können – ich kann	die Hexe	die Dose
die Hand – die Hände	singen – sie singt	die Giraffe
zaubern – ich zaubere	die Banane	alt
das Gras – die Gräser	der Zauberer	weiß

A. Trage die Übungswörter ein.

B. Unterstreiche die Nomen blau und die Adjektive grün.

C. Schreibe 3 lustige Sätze mit den Übungswörtern auf.

D. Die Hende der Hexe sind Groß.
Ein Kind hat 2 Fehler gemacht.
Erklärt, wie man diesen Satz richtig schreibt.

S. 96 bis S. 99
Mit Übungswörtern arbeiten
③ ④ ⑦ ⑭

Hier und anderswo

Kinder dieser Welt

Greta aus Grönland

Faruk aus dem Senegal

Mao Ling aus China

Fatima und Gamze aus der Türkei

1. Erzähle zu den Fotos.

2. Welches Kind möchtest du gerne besuchen? Begründe.
   Ich möchte gerne zu Greta, weil …

Greta ▭ mit einem Schlittenhund.
Faruk ▭ auf einem Kamel.
Fatima und Gamze ▭ auf einem Fest.
Mao Ling ▭ ein Wort.

schreiben
reiten
spielen
tanzen

➡ S. 122
Verben verwenden und erkennen

3. Was machen die Kinder?
   Setze die Verben richtig ein.
   Greta spielt …

Verben können sich verändern:
angeln – er angelt

erzählt zu einem Bild
schreibt eigene kurze Texte
verwendet Verben in Personalform

AH S. 69

S. 128
Sätze bilden und unterscheiden

1. Schreibe die Fragen mit der passenden Antwort auf. Setze Fragezeichen ? und Punkt . richtig ein.
   Wo lebt …?

2. Denke dir weitere Fragen zu den Kindern aus. Ein anderes Kind soll sie beantworten.
   Wer reitet auf dem Kamel …?

Am Ende eines Fragesatzes steht ein ? .

3. Schreibe die Fragen richtig auf.
   Wo steht …?

4. Suche die Antworten.
   Wen kannst du fragen?

5. Überlege dir Fragen zu anderen Ländern.

S. 74
Informationen erfragen und weitergeben

In der Türkei

Türkei

Meine Familie kommt aus der Türkei.
Wir leben in Deutschland. Aber zu Hause
sprechen wir türkisch.
„Merhaba, nasilsin?" ist türkisch und heißt
„Hallo, wie geht es dir?"
Mein türkisches Lieblingsessen ist Pilau.
Besonders mag ich an der Türkei
die warme Sonne und das Meer.

Hakan

1. Lies, was Hakan geschrieben hat.
   Seine Stichwörter haben dabei geholfen.

   Land: Türkei
   Sprache: türkisch
   Essen: Pilau
   Das mag ich:

2. Über welches Land möchtest du schreiben?
   Sammle Stichwörter.

3. Schreibe einen Text über dein Land.
   Deine Stichwörter helfen dir dabei.

4. Stellt eure Texte vor.

S. 106
Stichwörter
für Texte
sammeln

Türkei   Italien   Frankreich   Deutschland

England   Russland   Griechenland

deutsch
englisch
italienisch
griechisch
russisch
türkisch
französisch

S. 126
Adjektive
verwenden
und erkennen

5. Beschreibe die Farben der Flaggen.
   Die türkische Flagge ist rot und weiß.

6. Kennst du noch weitere Flaggen?

Wir waren im Urlau**?** in der Türkei.
Das ist ein schönes Lan**?**.
Auf der türkischen Flagge ist ein Mon**?**.

Mit diesem Flugzeu**?** sind wir geflogen.

Dieser We**?** führte zum Stran**?**.
Dort spielten wir oft im San**?**.

Auf diesen Ber**?** sind wir gewandert.

Wir haben einen langen Ausflu**?** mit dem Zu**?** gemacht.

1. Karla schreibt zu ihren Urlaubsfotos.
   Bei einigen Wörtern ist sie unsicher.
   Sprecht darüber.

2. Schreibe die Sätze richtig auf.

3. Wie schreibt man diese Wörter? Begründe.
   der Ta **g/k**, der Kor **b/p**, die Nach **d/t**, der Die **p/b**
   Tag schreibt man mit g, weil …

4. Schreibe etwas über deinen letzten Urlaub auf.
   Du kannst Fotos einkleben oder dazu malen.

🚩 **S. 33 Mach mit**

Ich höre das **g**, in **Züge**.
Also schreibt man **Zug** mit **g**.

➤ **S. 86** Wörter mit b, d oder g am Ende schreiben

beachtet Auslautverhärtung (Wörter mit b, d, g am Ende)
schreibt eigene kurze Texte
führt Rechtschreibgespräche

AH S. 21, 39

Was wir essen

Sprache	Wort	Wort
deutsch	Brot	Milch
englisch	bread	milk
französisch	pain	lait
italienisch	pane	latte
türkisch	ekmek	süt

1. Vergleicht die Wörter für **Brot** und **Milch**. Was fällt euch auf?

2. Nenne das Wort für Brot und Milch in einer Sprache. Dein Partner sagt, welche Sprache es ist.

3. Sammle weitere Wörter in einer anderen Sprache.

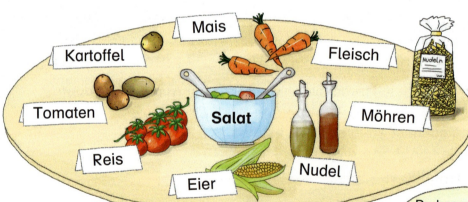

4. Setze die Nomen zusammen.
   der Maissalat, ...

5. Suche weitere zusammengesetzte Nomen zum Thema Essen.
   das Roggenbrot, der Rosenkohl, ...

Du kannst Wörter aus mehreren Nomen zusammensetzen. Diese Wörter heißen **zusammengesetzte Nomen**.

S. 118 Nomen verwenden und erkennen

vergleicht deutsche Wörter mit Wörtern in anderen Sprachen
bildet zusammengesetzte Nomen

AH S. 67

①

das Geld	der Hund	der Wald
die Welt	der Mond	das Kind
das Brot	das Rad	der Hut
das Zelt	das Bild	der Ast

Malt Bilder zu den Wörtern auf kleine Karten.

②

Schreibt Mehrzahl und Einzahl auf die Rückseite.

③

Seht euch die Bilder an.
Endet das Wort mit **d** oder **t**?
Prüft mit der Rückseite.

→ S. 86
Wörter mit b, d oder g am Ende schreiben

Übungswörter

das Zelt – die Zelte	fahren – sie fährt	dann
das Land – die Länder	der Tag – die Tage	wo
die Welt – die Welten	der Strand – die Strände	sehr
kommen – sie kommt	rennen – er rennt	das Meer
sich freuen – ich freue mich	wohnen – ich wohne	wann
das Kind – die Kinder	der Berg – die Berge	

A. Trage die Übungswörter ein.

B. Diktiert euch gegenseitig die Übungswörter.
Bei einem Fehler sagt ihr (Stopp).

C. ich baue eine Burk aus Sant.
Ein Kind hat 3 Fehler gemacht.
Erklärt, wie man diesen Satz richtig schreibt.

→ S. 96 bis 99
Mit Übungswörtern arbeiten
① ⑨ ⑪ ⑭

beachtet Auslautverhärtung (Wörter mit b, d, g am Ende)
arbeitet mit Übungswörtern
führt Rechtschreibgespräche

Ideen und Erfindungen

Natur macht erfinderisch

Die Menschen haben viele Erfindungen bei Tieren und Pflanzen abgeschaut. Zum Beispiel kann ein Hubschrauber fliegen wie eine Libelle.
Die Libelle kann in der Luft stehen. Sie kann zur Seite fliegen und rückwärts fliegen. Das kann der Hubschrauber auch.

1. Welche Erfindungen sind von der Natur abgeschaut? Erzählt zu den Bildern.

2. Überlege: Wozu brauchen Menschen Hubschrauber?
   Die Menschen brauchen Rettungshubschrauber, weil …

3. Suche im Text alle Wörter mit **ie**.
   - Schreibe die Wörter auf.
     d<u>ie</u>, v<u>ie</u>le, …
   - Lies die Wörter und prüfe: Klingt das *i* lang oder kurz?

Wenn das *i* lang klingt, schreibt man meistens **ie**.

S. 90
Wörter mit ie schreiben

erzählt zu einem Bild
schreibt Wörter mit ie
schreibt eigene kurze Texte

Manche Tiere bauen ihre H eu/äu ser unter der Erde.
Der Maulwurf hat kr e/ä ftige Vorderbeine
mit langen Fingern e/ä geln.
Mit diesen Schaufeln gr e/ä bt er lange G e/ä nge.
Der Mensch gr e/ä bt auch G e/ä nge.
Dort fahren dann U-Bahnen
unter den Geb eu/äu den hindurch.
So gibt es in den St e/ä dten weniger Verkehr.

eu oder äu?
e oder ä?
Bilde die Einzahl
oder suche
ein verwandtes Wort.

➜ S. 88
Wörter mit
ä und äu
ableiten

1. Überlege, wie die Wörter geschrieben werden.
   die Häuser → das Haus
   kräftig → die Kraft

2. Schreibe den Text richtig ab.

Heute gräbt der freundliche Maulwurf
neun neue Gänge.

3. Schreibe alle Wörter mit **Eu/eu** auf.
   heute, ...

4. Suche weitere Wörter mit **Eu/eu**.
   der Teufel, ...

5. Du weißt nicht, ob ein Wort mit **eu** oder **äu** geschrieben wird.
   Was kannst du tun?

Geniale Erfindungen

Levi Strauss erfand 1873 die Blue Jeans.

Paul Cornu erfand 1907 den Hubschrauber.

Thomas Edison erfand 1879 die Glühbirne.

Gottlieb Daimler erfand 1885 das Motorrad.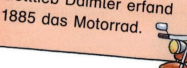

Die Erfindungen hatten komische Namen:
- fliegendes Fahrrad
- Glühlicht
- Reitwagen
- Niethosen

Suche bei www.blinde-kuh.de unter Erfindungen.

S. 128 Sätze bilden und unterscheiden

1. Schreibe drei Fragen zu den Erfindungen auf.
   Wer hat das Motorrad erfunden? Wann …? Was …?

S. 74 Informationen erfragen und weitergeben

2. Beantwortet eure Fragen.

3. Die Erfindungen hatten zuerst andere Namen. Ordne die Namen den Erfindungen zu.
   Der Hubschrauber hieß fliegendes Fahrrad.

4. Welche Erfindung interessiert dich? Suche dazu Informationen in Büchern oder im Internet.

5. Lies den Steckbrief zum Grammofon. Schreibe einen Steckbrief über eine andere Erfindung.

Das Grammofon

Erfinder: Emil Berliner

Jahr: 1887

Erfindung: Ein Abspielgerät für Schallplatten

Die Musik kam aus einem Kasten mit einem Trichter. Die Schallplatte wurde mit einer Kurbel gedreht.

Heute: CD-Player oder MP3-Player

schreibt kurze Texte nach Mustern (Steckbrief)
liest Sätze sinnverstehend
bildet Fragesätze, setzt Satzzeichen (Fragezeichen)

AH S. 42, 52, 73

Leonardo da Vinci hat 1483
den ersten Fallschirm erfunden.
In der Schule haben wir Fallschirme gebastelt.
Mein Fallschirm ist im Schulteich gelandet.
Zuerst haben wir Fäden an ein Tuch geknotet.
Dann haben wir die Fäden
in die Knetkugel gedrückt.
Eine Knetkugel war unser Fallschirmspringer.
Unsere Fallschirme haben wir vom Fenster
auf den Schulhof fliegen lassen.
              Lisa

1. Lies den Text von Lisa.
   Prüfe, wo die Reihenfolge nicht stimmt.

2. Schreibe den Text in der richtigen Reihenfolge auf.

3. Überlege dir eine passende Überschrift.

4. Probiert den Versuch selbst aus.

Die Reihenfolge stimmt noch nicht.

➡ S. 110
Die richtige Reihenfolge beachten

keine Ampel   kein Telefon   kein Fahrrad

kein Papier   kein/keine

5. Sucht eine Erfindung aus.
   Überlegt: Was passiert ohne diese Erfindung?

6. Sammelt Stichwörter dazu.

7. Schreibt einen Text.
   Ein Tag ohne Papier

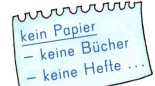

kein Papier
– keine Bücher
– keine Hefte …

➡ S. 106
Stichwörter für Texte sammeln

➡ S. 108
Eigene Texte schreiben

liest Texte sinnverstehend
beachtet die richtige Reihenfolge
entwickelt und sammelt Schreibideen (Stichwörter)

AH S. 38, 44, 59

Verrückte Ideen

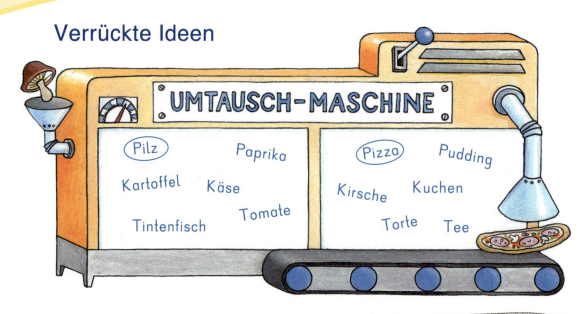

1. Was tauscht die Maschine um? Erzähle.

   Sprich **P**, **T** und **K** deutlich. Achte auf die Luft in deiner Hand.

2. Lest die Wörter mit **P**, **T** und **K**. Diktiert euch die Wörter gegenseitig.

3. Schreibe weitere Wörter mit **P**, **T** und **K** auf.

> S. 80
> Ähnliche Laute unterscheiden

Meine <u>v</u>/errückte Erfindung
Gestern hatten wir Besuch.
Ich nahm <u>fier</u> Löffel
von meinem Unsichtbar-Pulwer.
Plötzlich wackelte die <u>Wase</u> auf dem Tisch
und das <u>Klawier</u> fing an zu spielen.
Unser Besuch hat <u>fiel</u> gelacht.   Tim

> S. 39
> Mach mit

4. Die Lehrerin hat die Fehler unterstrichen.
   Schreibe den Text richtig ab.
   Achte auf den Tipp von Mobi.

   Wörter mit **V, v** muss man sich merken, weil man das **V, v** nicht hören kann.

> S. 82
> Merkwörter einprägen

5. Suche weitere Wörter mit **V, v**?
   der <u>V</u>ogel, <u>v</u>oll, ...

6. Schreibe etwas über deine verrückte Erfindung auf.

erzählt zu einem Bild
unterscheidet ähnliche Laute (P, T, K)
prägt sich Merkwörter mit V, v ein

AH S. 9, 12

> **Mach mit!**

1

3 Kinder schreiben je 9 Wörter mit **V**, **v** auf kleine Karten.

2

2 Kinder legen ihre Karten auf den Spielplan.

3

Ein Kind liest eine Karte vor. Die anderen Kinder legen einen Stein auf das Wort.

4

Sieger ist, wer zuerst 3 Steine in einer Reihe hat.

Prüft genau, ob die Wörter auf den Karten richtig geschrieben sind.

➜ S. 82
Merkwörter einprägen

Übungswörter

fliegen – sie fliegt	die Erfindung –	voll
der Vogel – die Vögel	die Erfindungen	von
das Haus – die Häuser	dies, diese, dieser	verrückt
der Traum – die Träume	das Klavier	wie
erfinden – er erfindet	das Papier	die Vase

A. Trage die Wörter ein.

B. Diktiere alle Wörter mit **ie**.
Rufe (Stopp), wenn dein Partner einen Fehler macht.

C. Flugzäuge fligen wie Fögel.
Ein Kind hat beim Schreiben 3 Fehler gemacht.
Erklärt, wie man die Wörter richtig schreibt.

➜ S. 96
bis S. 99
Mit Übungswörtern arbeiten
7 10 11 12

prägt sich Merkwörter mit V, v ein
arbeitet mit Übungswörtern
führt Rechtschreibgespräche

Leseratten und Computermäuse

Rund ums Buch

S. 76
Zu einer Bildergeschichte erzählen

1. Sieh dir die Bilder an.
   Wie geht die Geschichte weiter? Erzähle.

2. Schreibe eine Geschichte zu den Bildern.
   <u>Das verzauberte Buch</u>
   <u>An einem Regentag war ich in der Bücherei. Ich suchte …</u>

3. Lest euch eure Geschichten vor. (Reihenfolge?)

4. Gestalte mit deiner Geschichte ein kleines Buch.

S. 118
Nomen verwenden und erkennen

5. In einer Bücherei gibt es viele Bücher.
   die Lieder + das Buch → das Liederbuch

6. Diese zusammengesetzten Nomen haben alle den Artikel (Begleiter) das . Warum?

Welches Buch kannst du nicht in einer Bücherei ausleihen?

40

erzählt in entsprechender Abfolge nach (Bildergeschichte)
schreibt eigene kurze Texte
bildet zusammengesetzte Nomen

AH S. 39, 67

Unser Besuch in der Bücherei

Gestern waren wir mit unserer Klasse in der Bücherei. Alle Kinder haben einen Ausweis bekommen. Dann konnten wir uns ein Buch aussuchen. Zuhause habe ich einen Versuch gleich ausprobiert und er hat geklappt.

Max

1. Lies den Text von Max und sieh dir das Bild dazu an.

2. Was hat Max nicht aufgeschrieben? Schreibe den Text so, dass Lara alles Wichtige weiß.

3. Lest eure Texte vor und vergleicht.

4. Besucht eine Bücherei und schreibt etwas über den Besuch auf.

S. 112
Informationen ergänzen

Titel des Buches:
Experimente
Autorin/Autor:

Darum geht es in diesem Buch:

Das gefällt mir besonders:

5. Max hat ein Sachbuch vorgestellt. Welche Bücher gibt es noch?

6. Stelle ein Buch in deiner Klasse vor.

ergänzt Informationen
stellt ein Buch vor
schreibt eigene kurze Texte

Im Fernsehen

1. Zu welchen Sendungen passen die Bilder?
   Erzähle.

2. Welche Sendungen magst du? Begründe.
   Ich mag Märchenfilme, weil …

Zeichentrickfilm
Fußballspiel
Wetterbericht
Märchenfilm
Abenteuerfilm

3. Ordne die Sätze den drei Sendungen zu.
   Setze ., ! oder ? ein.
   Fußballspiel: Warum gibt er den Ball nicht ab?
   Märchenfilm: …
   Wetterbericht: …

S. 45
Mach mit

S. 128
Sätze bilden und unterscheiden

erzählt frei und verständlich
setzt Satzzeichen (Punkt, Ausrufezeichen, Fragezeichen)
schreibt eigene kurze Texte

AH S. 75, 76

Nachrichten Märchenfilm Spielfilm Sportsendung
Krimi Zeichentrickfilm
Western Liebesfilm
Quiz-Show Tierfilm

lustig, spannend
langweilig, aufregend,
interessant, traurig,
witzig, informativ, alt,
schön, romantisch

1. Welche Sendungen schauen diese Kinder wohl an? Erzähle.

2. Schreibe auf, wie diese Sendungen für dich sind.
   Unterstreiche die Adjektive grün.
   Der Krimi ist spannend.

3. Welche Sendungen gefallen dir? Welche nicht?
   Ich mag spannende Krimis.
   Ich mag traurige Spielfilme nicht.

➡ S. 126
Adjektive verwenden und erkennen

Trink frische Quelle und du bist quirlig.

Quelle
quieken
Qualle
quer
überqueren
Quadrat
Quark
quadratisch
quaken
Quatsch

4. Erfinde einen lustigen Werbespruch.
   Verwende möglichst viele Wörter mit **Qu**, **qu**.

5. Denkt euch einen kurzen Werbefilm aus.
   Spielt euch den Film gegenseitig vor.

6. Wie viele Wörter mit **Qu**, **qu** hast du dir gemerkt?

➡ S. 82
Merkwörter einprägen

verwendet und erkennt Adjektive
prägt sich Merkwörter mit Qu, qu ein
schreibt eigene kurze Texte

Am Computer

1. Welche Wörter kennst du? Erkläre sie.
2. Frage eine andere Person, wenn du ein Wort nicht erklären kannst.
3. Lege ein kleines Computer-Lexikon an. Ordne die Wörter nach dem Abc. Kennst du weitere Computer-Wörter?

S. 74 Informationen erfragen und weitergeben

Mein Computer-Lexikon

CD-ROM:
Das ist eine runde, flache Scheibe.
Auf ihr kann man etwas speichern.

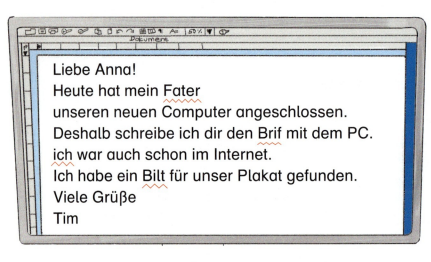

S. 104 Fehler finden

S. 100 Wörter nachschlagen

4. Tim hat einen Brief am Computer geschrieben. Der Computer unterstreicht falsch geschriebene Wörter. Schlage die Wörter nach.
5. Schreibe die Wörter richtig auf. Begründe die Schreibweise.
   <u>Vater</u> schreibt man mit <u>V</u>, weil ...
6. Schreibe den Text richtig ab.
7. Schreibe einen Brief am Computer.

Achtung: Bei einem Wort hilft dir das Wörterbuch nicht.

schreibt eigene kurze Texte
erfragt Informationen
findet Fehler

Mach mit!

1)

Was hat dein Computer?

A Er hat eine Ratte.
B Er hat eine Katze.
C Er hat eine Maus.
D Er hat einen Hund.

Denkt euch 5 Fragen aus.
Schreibt zu jeder Frage
4 mögliche Antworten auf.

2)

Spielt eine Quiz-Show.
Ihr braucht einen Sprecher
und einen Kandidaten.

Du kannst auch ein Kind aus deiner Klasse
als Helfer aufrufen oder eine Frage tauschen.

➡ S. 128
Sätze
bilden und
unterscheiden

Übungswörter

das Buch – die Bücher	der Computer	schauen – sie schaut
die Bücherei	der Fernseher	alle
sehen – er sieht	lesen – er liest	der Quatsch
lustig	geben – es gibt	spannend
die Sendung	der Film	der Quark

A. Trage die Wörter ein.

B. Unterstreiche die Adjektive grün.

C. Schreibe 5 Sätze mit den Übungswörtern auf.

D. Ich lese gerne fiele Tirbücher

Ein Kind hat beim Schreiben 3 Fehler gemacht.
Erklärt, wie man den Satz richtig schreibt.

⬅ S. 96
bis S. 99
Mit Übungs-
wörtern
arbeiten
1 4 10 14

bildet Frage-und Aussagesätze
arbeitet mit Übungswörtern
führt Rechtschreibgespräche

AH S. 72, 73

In der Natur

Auf der Wiese

1. Sieh dir das Bild an.
   - Entscheide dich für eine Person oder ein Tier.
   - Überlege dir eine Geschichte dazu.
   - Erzähle deine Geschichte einem anderen Kind.

S. 108
Eigene Texte schreiben

2. Schreibe deine Geschichte auf.

> Das ❋ Mädchen untersucht die ❋ Wiese.
> Die ❋ Maus versteckt sich vor der ❋ Katze.
> Die ❋ Biene sammelt ❋ Nektar.
> Der ❋ Igel frisst die ❋ Schnecke.
> Der ❋ Junge jagt den ❋ Schmetterling.

S. 126
Adjektive verwenden und erkennen

3. Schreibe die Sätze auf.
   Setze passende Adjektive ein.
   Das neugierige Mädchen …

S. 86
Wörter mit b, d oder g am Ende schreiben

4. Was fällt dir auf?
   bunt – die bunte Wiese
   gel**b** – der gel**b**e Schmetterling

bunt, groß, fleißig, stachelig, schleimig, gelb, fröhlich, neugierig, winzig, süß

erzählt zu einem Bild
verwendet und erkennt Adjektive
liest Sätze sinnverstehend

AH S. 54, 55, 70

Die Biene

Hier lebt die Biene:
Im Bienenstock

Das fressen Bienen:
Nektar und Blütenpollen

Das ist besonders:
Die Biene stirbt,
wenn sie sticht.

So sieht eine Biene aus:

Die Biene ist ein Insekt.

1. Seht euch das Plakat von Lea und Tina an.
2. Gestaltet ein Plakat über ein Tier, das auf der Wiese lebt. Sammelt in Büchern oder im Internet Informationen dazu.
3. Stellt das Plakat eurer Klasse vor.
4. Lasst euch zu eurer Präsentation eine Rückmeldung geben.

Tipps für eine gute Präsentation:
• deutlich und langsam sprechen
• auf eine große Schrift achten

Der Frosch 🌱 durch das Gras.
Der Käfer 🌱 einen Grashalm hinauf.
Die Schnecke 🌱 über einen Stein.
Die Katze 🌱 durch das Gras.
Max 🌱 dem Schmetterling schnell hinterher.
Die Kinder 🌱 nach Hause.

5. Setze passende Verben ein.
   Der Frosch hüpft durch das Gras.
6. Schreibe eigene Sätze mit den Verben auf.
7. Suche weitere Verben für das Wort **gehen**.

rennen
kriechen
hüpfen
schleichen
krabbeln
gehen

S. 122 Verben verwenden und erkennen

S. 51 Mach mit

schreibt kurze Texte nach Mustern (Plakat)
verwendet Wörter aus Wortfeldern (gehen)
verwendet Verben in Personalform

Die Natur schützen

⬤ aten
⬤ uhl
⬤ iegel
⬤ rumpf
⬤ iefel

1. Sieh dir das Bild an. Was gehört nicht in den Bach?

2. Sprich die Wörter
   und schreibe die Nomen mit Artikel (Begleiter) auf.
   Achte auf den Tipp von Mobi.

St	Sp
der Stiefel	...

> S. 84
> Wörter mit Sp/sp und St/st schreiben

Man spricht schp oder scht aber man schreibt **Sp** und **St**.

3. Schreibe weitere Wörter mit **St** und **Sp** auf.

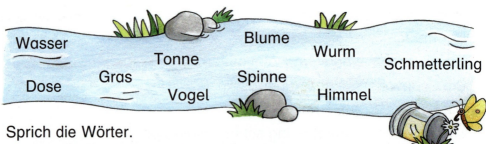

Wasser, Blume, Tonne, Wurm, Schmetterling, Dose, Gras, Spinne, Vogel, Himmel

4. Sprich die Wörter.
   • Prüfe: Klingt der erste Selbstlaut lang oder kurz?
   • Trage die Wörter ein.

langer Selbstlaut _	kurzer Selbstlaut .
das Gras	das Wasser

> S. 92
> Lange und kurze Selbstlaute unterscheiden

5. Trage weitere Wörter mit kurzem und langem Selbstlaut ein.

6. Was fällt dir bei den Wörtern mit kurzem Selbstlaut auf?

48 — schreibt Wörter mit St/st und Sp/sp; unterscheidet lange und kurze Selbstlaute — AH S. 20, 24, 25

Die Klasse 2b will
mit dem Zug zum Zoo fahren.
Tim sucht im Fahrplan,
wann der Zug losfährt.
Die Lehrerin kauft die Fahrkarten.
Alle freuen sich auf die Zugfahrt.

> Die Wörter aus einer Wortfamilie sehen alle ähnlich aus:
> **fahr**en, du **fähr**st, **Fahr**rad, ...

1. Lies den Text:
   Wie schützt die Klasse 2b die Umwelt?

2. Schreibe alle Wörter aus der Wortfamilie **fahren** auf.
   fahren, der Fahrplan, ...

3. Suche weitere Wörter aus der Wortfamilie **fahren**.
   der Busfahrer, ...

4. Wähle ein Wort aus
   und suche Wörter aus dieser Wortfamilie.

   fliegen   laufen   spielen

Gestern hat es geregnet.
Mama wollte mit dem Auto faren.
Aber ich habe meine Schtiefel angezogen
und bin zur schule gelaufen.
Ich bin in jede pfütze gesprungen.
                                    Nina

> Achtung!
> Satzanfänge und Nomen schreibt man groß.

5. Lies den Text von Nina.
   In jeder Zeile ist ein Fehler.

6. Schreibe den Text richtig ab.

7. Erkläre, warum die Wörter so geschrieben werden.
   Am Satzanfang schreibt man gestern groß.

↪ S. 104
Fehler finden

Alles Luft

Nimm eine leere Glasflasche und spüle sie einige Minuten außen mit kaltem Wasser ab.

Lege eine nasse Münze auf die Flaschenöffnung.

Wärme die Flasche mit deinen Händen. Beschreibe, was passiert.

1. Lass dir das Experiment Schritt für Schritt vorlesen und probiere es aus.

2. Was beobachtet ihr? Warum ist das so? Stellt eine Vermutung auf.

Das Gel d/t stück macht die Flasche dich d/t.

Mit den Han d/t flächen erwärmst du die kalte Flasche.

Die warme Luf d/t dehnt sich aus und he b/p t die Münze an.

→ S. 86
Wörter mit b, d oder g am Ende schreiben

→ S. 100
Wörter nachschlagen

3. Schreibe den Text richtig ab. Prüfe die Wörter.

Bilde die Mehrzahl oder suche ein verwandtes Wort.

4. Begründe deine Schreibweise.
Ich höre das d in Gelder, also schreibt man Geldstück mit d.

50   liest Sätze sinnverstehend
hört zu, versteht und reagiert
beachtet Auslautverhärtung (Wörter mit b, d, g am Ende)   AH S. 55, 21

 **Mach mit!**

①
Schreibe die Verben auf Zettel.

②
Drei Kinder spielen zusammen.
Ein Kind zieht einen Zettel.

③
Das Kind spielt das Wort vor
ohne zu sprechen.

④
Die anderen Kinder raten.
Wer das Wort errät,
darf den nächsten Zettel ziehen.

 Übungswörter

die Wiese	hüpfen – sie hüpft	die Blume
die Blüte	die Natur	schön
rot	die Straße	die Biene
blau	der Spiegel – die Spiegel	das Spiel
gelb	die Schnecke	der Müll
grün	laufen – er läuft	der Klee

A. Trage die Wörter ein.

B. Diktiere alle Nomen.
Rufe (Stopp), wenn dein Partner einen Fehler macht.

C. Der Schmeterling fligt über die wiese.
Ein Kind hat beim Schreiben 3 Fehler gemacht.
Erklärt, wie man den Satz richtig schreibt.

➜ S. 96
bis S. 99
Mit Übungswörtern
arbeiten
⑥ ⑨ ⑪ ⑬

verwendet Wörter aus Wortfeldern (gehen)
arbeitet mit Übungswörtern
führt Rechtschreibgespräche

Gemeinsam geht es besser

Sich streiten und vertragen

S. 76
Zu einer Bildergeschichte erzählen

1. Sieh dir die Bilder an. Erzähle.
2. Erzähle, was du in einer Pause erlebt hast.

Anna und Selina (springen) **mit dem Seil.**
Plötzlich (rennen) Leo **in das Seil.**
Selina (stolpern) **und** (stürzen) **auf ihr Knie.**
Leo (sprechen) **mit Selina.**
Anna (trösten) **ihre Freundin.**
Selina (stehen) **wieder auf.**

S. 84
Wörter mit Sp/sp und St/st schreiben

S. 122
Verben verwenden und erkennen

3. Schreibe den Text richtig auf.
   Anna und Selina springen ...

4. Schreibe Sätze mit Verben mit **sp/st** auf.
   Ich spiele mit meiner Katze.

In der Sportstunde

Ben und Lars wählten zwei Mannschaften.
Dann spielten wir Fußball.
Und dann schoss Ben ein Tor.
Dann gewann Bens Mannschaft.
Und dann gab es Streit.
Dann vertrugen wir uns wieder.
                                    Lukas

Deine Sätze fangen oft mit **und dann** oder **dann** an.

1. Lies den Text.

Andere Wörter für **und dann**:
jetzt, plötzlich, später, nun

2. Schreibe den Text neu.
   Setze andere Wörter für **und dann** oder **dann** ein.
   Überlege: Kannst du **dann** auch weglassen?

3. Vergleicht eure Texte.

➡ S. 114
Gleiche Satzanfänge verändern

Jana hat mir ihre Sporttasche
ans Bein geschleudert.
Das hat weh getan.
Jana hat mich ausgelacht.
Dann hat Paul gesagt,
dass Jana aufhören soll.

                                    Sven

4. Schreibt auf, was euch in der Klasse gefreut oder geärgert hat.

5. Sprecht über eure Briefe.

6. Ihr könnt auch einen Klassenbriefkasten für eure Briefe aufstellen.

➡ S. 108
Eigene Texte schreiben

verändert gleiche Satzanfänge
schreibt eigene kurze Texte

Wer ist der Beste?

1. Schreibe die Sätze ab.
   Setze die richtigen Satzzeichen ein. `.` `?` `!`
   Affe: Fang mich doch!

2. Was könnten der Vogel und der Schmetterling sagen?
   Schreibe Befehle oder Fragen auf.

3. Sprich die Tiernamen.
   • Prüfe: Klingt der erste Selbstlaut lang oder kurz?
   • Trage die Wörter ein.

langer Selbstlaut —	kurzer Selbstlaut .
der Hase	…

 4. Trage weitere Wörter mit langem und kurzem Selbstlaut ein.

S. 128
Sätze bilden und unterscheiden

S. 92
Lange und kurze Selbstlaute unterscheiden

54

*liest Sätze sinnverstehend
setzt Satzzeichen (. ! ?)
unterscheidet lange und kurze Selbstlaute*

AH S. 24, 25, 75

Heute möchte Elefantin Ela etwas ver/vor führen.

Sie will ein Lied ver/vor singen.

Löwe Leo möchte lieber aus einem Buch ver/vor lesen.

Leo und Ela streiten sich, aber Rabe Rex weiß Rat.

„Ihr müsst ver/vor suchen, euch zu einigen", sagt Rex.

Leo und Ela wollen sich wieder ver/vor tragen.

1. Welcher Wortbaustein passt: **ver-** oder **vor-**?
   Schreibe den Text richtig ab.
   Heute möchte Elefantin Ela etwas vorführen.

   S. 94
   Wörter richtig abschreiben

2. Schreibe auf, wie sich Leo und Ela einigen.

3. Warum schreibt man ve**rr**aten mit **rr**?
   Suche noch weitere Verben wie a**nn**ähen, a**bb**eißen, au**s**-..., au**f**-...

Der Boxer
und der Boxer

Die Hexe
und der Zauberer

Die Nixe
und der Delfin

S. 57
Mach mit

4. Wähle aus, über welches Paar du schreiben willst.

5. Lest eure Geschichten vor. (Reihenfolge?) (Wo fehlt etwas?) (Andere Wörter?)

6. Sammle Wörter mit **X**, **x**.
   der Boxer, boxen, ...

   Wörter mit **X**, **x** sind Merkwörter.

   S. 82
   Merkwörter einprägen

verwendet Wortbausteine ver- und vor-
prägt sich Merkwörter mit X/x ein
schreibt eigene kurze Texte

AH S. 13, 15

Einander helfen

Unser Ausflug
Am Freitag machten wir einen Ausflug
mit unserer Patenklasse.
Wir mussten über einen dicken Baumstamm steigen.
Alle halfen Nina gemeinsam über den Stamm.

Karo

Warum müsst ihr über den Baumstamm steigen?
Warum helfen alle Kinder Nina?

1. Lies die Geschichte und sieh dir das Bild dazu an.

S. 112
Informationen ergänzen

2. Schreibe die Geschichte so, dass Felix alles Wichtige weiß.

Wo fehlt etwas?

Herr Hermann (sagt):
Wann kommt der nächste Bus?
Greta (sagt): Er kommt in 2 Minuten.
Herr Hermann (sagt): Es ist nicht einfach, mit einem Stock in den Bus zu steigen.
Antje (sagt): Wir helfen Ihnen gern.
Herr Hermann (sagt): ...

3. Lies den Text.

4. Schreibe den Text neu.
   Setze andere Wörter für **sagt** ein.
   Herr Hermann fragt: Wann kommt ...?

Andere Wörter für **sagen**:
fragen, antworten, erklären, rufen ...

5. Wie geht die Geschichte weiter?

6. Suche weitere Wörter für **sagen**.

 **Mach mit!**

1

Schreibe Wörter mit **X, x** auf kleine Zettel.

2

Male ein Bild dazu.

3

Schreibe Rätsel zu den Wörtern mit **X, x** auf die Rückseite.

4

Lest euch eure Rätsel vor. Wer errät die meisten Wörter?

Du kannst auch Rätsel zu Merkwörtern mit **Y, y** und **ß** schreiben.

➜ S. 82 Merkwörter einprägen

 Übungswörter

stehen – ich stehe	lernen – sie lernt	schnell
springen – er springt	werden – es wird	später
sich verstehen – ich verstehe dich	wollen – ich will	wieder
sich vertragen – wir vertragen uns	das Knie – die Knie	ihr
sich streiten – wir streiten uns	die Nixe	ihm
holen – sie holt	plötzlich	ihre

A. Trage die Wörter ein.

B. Schreibe zu 4 Verben einen Satz.

C. Die Hekse schteigt auf den Besen.

Ein Kind hat beim Schreiben 2 Fehler gemacht. Erklärt, wie man den Satz richtig schreibt.

➜ S. 96 bis S. 99 Mit Übungswörtern arbeiten ② ④ ⑨ ⑪

prägt sich Merkwörter mit X/x, Y/y und ß ein
arbeitet mit Übungswörtern
führt Rechtschreibgespräche

Durch das Jahr

Von Januar bis Dezember

1. Sieh dir das Bild genau an. Erzähle.

2. Was gehört zu welcher Jahreszeit?
   Frühling: Tulpe, …

S. 106 Stichwörter für Texte sammeln

3. Schreibe auf,
   welche Jahreszeit du besonders magst.
   Was machst du dann gern?
   Sammle Stichwörter.

   Sommer
   – draußen spielen
   – ins Freibad gehen

S. 108 Eigene Texte schreiben

4. Schreibe einen Text zu deiner Jahreszeit.
   Ich mag besonders den Sommer.
   Dann spiele ich draußen. Ich …

5. Schreibe deinen Text auf ein Schmuckblatt.

Zwölf Monate hat das Jahr

Im Januar und Februar
ist Schnee im Winter – wunderbar!
Es folgen März, April und Mai,
die Vögel fliegen nun herbei.
Im Juni, Juli und August
bringt uns der Sommer große Lust.
Nach September, Oktober und November
folgt die Weihnachtszeit – im Dezember.

1. Lies das Gedicht.
2. Lerne das Gedicht auswendig.
3. In welchem Monat hast du Geburtstag?
4. An welchem Wochentag hast du in diesem Jahr Geburtstag?

Prüfe im Kalender:
- Welche Monate haben 31 Tage?
- Welche Monate haben 30 Tage?
- Welcher Monat ist der kürzeste?

Übungswörter

das Jahr – die Jahre	der Januar	der Juli
die Zeit	der Februar	der August
der Frühling	der März	der September
der Sommer	der April	der Oktober
der Herbst	der Mai	der November
der Winter	der Juni	der Dezember

A. Trage die Wörter ein.

B. Ich mak es, wenn im sommer die Sonne scheint
Ein Kind hat beim Schreiben 3 Fehler gemacht.
Erklärt, wie man den Satz richtig schreibt.

S. 96 bis S. 99
Mit Übungswörtern arbeiten

Im Herbst

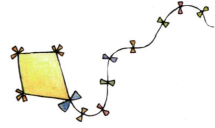

Herbst ist, wenn die Drachen fliegen
und die Kinder Schnupfen kriegen,
wenn am Baum die Äpfel reifen
und die Vögel kaum noch pfeifen.

Herbst ist, wenn sich Äste neigen
und die Grillen kaum noch geigen,
wenn die welken Blätter fallen
und Novembernebel wallen.

Herbst ist, wenn die Ähren reifen,
Jäger zu Gewehren greifen,
wenn der Storch verlässt sein Nest
und die Katze Haare lässt.

Bernhard Lins

1. Lies das Gedicht und sieh dir die Bilder an.
2. Schreibe die Reimwörter auf.
   fliegen — kriegen
3. Woran erkennst du,
   dass sich die Wörter reimen? Erkläre.
4. Lerne das Gedicht auswendig.
   Die Bilder helfen dir dabei.

1. Setze die Silben zu Wörtern zusammen.
   der Drachen, …

2. Suche dir ein Wort aus und schreibe eine Geschichte über den Herbst dazu.

Mein Drachen

Gestern habe ich mit Leo meinen Drachen steigen lassen …

S. 108
Eigene Texte schreiben

Übungswörter

das Blatt – die Blätter	fallen – es fällt	der Regen
der Wind – die Winde	das Nest – die Nester	reif
pflücken – ich pflücke	der Drachen	grau
lassen – er lässt	der Apfel – die Äpfel	nass
der Ast – die Äste	wehen – es weht	

A. Trage die Wörter ein.

B. im Herbst fallen die Bletter von den Bäumen.
   Ein Kind hat beim Schreiben 2 Fehler gemacht.
   Erklärt, wie man den Satz richtig schreibt.

S. 96 bis S. 99
Mit Übungswörtern arbeiten
3 6 7 12

setzt Wörter aus Silben zusammen
schreibt eigene kurze Texte
führt Rechtschreibgespräche

AH S. 39, 40

61

Im Winter

S. 76
Zu einer Bildergeschichte erzählen

1. Sieh dir die Bilder genau an. Erzähle.
2. Erzähle eine eigene Schnee-Geschichte.

Wir haben gestern
einen besonderen Schneemann gebaut.
Nele hat mich geärgert.
Der Schnee war sehr kalt.
           Tim

3. Lies die Geschichte von Tim und sieh dir sein Bild an.

S. 112
Informationen ergänzen

4. Lies die Fragen von Sina.
5. Schreibe die Geschichte so, dass Sina alles Wichtige weiß.
6. Schreibe eine eigene Geschichte.

Wie sah der Schneemann aus?

Was hat Nele gemacht?

erzählt in entsprechender Abfolge nach (Bildergeschichte)
ergänzt Informationen
schreibt eigene kurze Texte

①

Falte ein grünes Papier und zeichne einen halben Tannenbaum.

② Schneide den Tannenbaum aus. Falte ihn auseinander.

③

Klebe die grüne Tanne auf eine weiße Postkarte.

Liebe Lara,
ich wünsche dir ein schönes Weihnachtsfest.

Deine Fiona

Lara Muster
Im Winkel 9
47558 Sobern

1. Bastle eine Weihnachtskarte.

2. Schreibe eine Weihnachtskarte an eine Person, die du gerne magst.
   - Schreibe deine Weihnachtsgrüße auf die Karte.
   - Trage die Adresse ein.
   - Klebe eine Briefmarke auf und schicke die Karte ab.

Adresse:
– Vorname und Nachname
– Straße und Hausnummer
– Postleitzahl und Ort

Übungswörter

Weihnachten	ausschneiden – sie schneidet aus	mit
die Tanne	schenken – er schenkt	dir
die Karte	finden – ich finde	lieb
basteln – ich bastle	schreiben – er schreibt	froh

A. Trage die Wörter ein.

B. ich schreibe eine Weihnachts Karte an meine oma.
   Ein Kind hat beim Schreiben 3 Fehler gemacht.
   Erklärt, wie man den Satz richtig schreibt.

➜ S. 96 bis S. 99
Mit Übungswörtern arbeiten
② ④ ⑪ ⑭

liest Sätze sinnverstehend
schreibt kurze Texte nach Mustern (Postkarte)
führt Rechtschreibgespräche

Kalt und lustig

Ich trage ein Stirnband.
Darin steckt eine 🪶.

Ich trage Ringelsocken.
Meine 〰️ sind zu Zöpfen
gebunden. Sie stehen
von meinem Kopf ab.

Ich trage ein braunes Fell.
Und ich esse gern 🍌.

Ich habe einen Zauberstab.
Aber eine 🧙 bin ich nicht.

1. Als was haben die Kinder sich verkleidet?
   Löse die Rätsel.

➡️ S. 100
Wörter
nachschlagen

2. Schreibe die Rätsel ab.
   Schreibe für die Bilder die richtigen Wörter.

3. Schreibe ein Rätsel zu deinem Kostüm.
   Ich habe eine rote Nase und …

4. Lest eure Rätsel vor und löst sie.

Bahn   Berg   Bär   Blume   Eis   Zapfen   Decke

5. Schreibe die Eis-Wörter auf.
   die Eisblume, …

6. Suche Schnee-Wörter.
   der Schneematsch, …

7. Bilde Sätze mit **Schnee**- und **Eis**- Wörtern.
   Der Eisbär fährt mit dem Schneemann …

Eswareinkaltertag.übernachthatteesgeschneit.schnellzog

ichmeinewarmejackeundeinenschalan.ichgingindengarten

undschautemichum …

1. Schreibe die Sätze richtig ab.
   Unterstreiche die Nomen blau.
   Es war ein kalter Tag.

2. Schreibe die Geschichte weiter.

3. Lest eure Geschichten vor.

4. Male zu deiner Geschichte ein Bild.

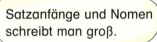
Satzanfänge und Nomen schreibt man groß.

Übungswörter

der Garten – die Gärten	der Hut – die Hüte	die Jacke
bauen – ich baue	der Topf – die Töpfe	das Eis
der Kopf – die Köpfe	der Bauch – die Bäuche	kalt
der Schal – die Schals	der Finger – die Finger	heute
der Mann – die Männer	der Schnee	hart

A. Trage die Wörter ein.

B. Wir haben in der pause einen großen Schnee Mann gebaut.
   Ein Kind hat beim Schreiben 2 Fehler gemacht.
   Erklärt, wie man den Satz richtig schreibt.

S. 96 bis S. 99
Mit Übungswörtern arbeiten
6 9 11 12

erkennt Wortgrenzen
beachtet Großschreibung von Satzanfängen und Nomen
führt Rechtschreibgespräche

AH S. 18, 19, 48

Im Frühling

Im Frühling wärmen
die ersten Sonnenstrahlen
Menschen und Tiere.
Die Mutter stellt sich
einen Stuhl in den Garten.
Die Kinder nehmen auf die Spielwiese
einen Ball mit.
Der Vater holt die Fahrräder aus dem Keller.
Die Katze spitzt die Ohren.
Sie lauscht den Vögeln.

1. Lies den Text. Welches Bild passt nicht?

S. 82
Merkwörter
einprägen

2. Schreibe den Text ab.
   Kreise **ah**, **uh**, **eh** und **oh** ein.
   Im Fr(üh)ling

   Wörter mit
   ah, **eh**, **uh** und **oh**
   sind Merkwörter.

3. Schreibt die Wörter und weitere Wörter
   mit **ah**, **eh**, **uh**, **oh** auf Karten.
   • Diktiert euch die Wörter gegenseitig.
   • Welche Wörter habt ihr euch gemerkt?

S. 72
Zuhören und
verstehen

4. Schreibe eine eigene Geschichte über den Frühling.
   • Male Bilder zu deiner Geschichte. Ein Bild soll nicht passen.
   • Lies einem anderen Kind deine Geschichte vor.
   • Dein Partner soll sagen, welches Bild nicht passt.

Schnaddel di daddel

Schnaddel di daddel di duddel di d**aum**
Am Bach auf der Wiese, da steht ein B**aum**.

Schnaddel di daddel di duddel di d**onne**
Jetzt ist es Frühling und warm scheint die S...

Schnaddel di daddel di duddel di d**ast**
Blätter und Zweige wachsen am A...

1. Lies das Gedicht und setze die Reime ein.
2. Schreibe das Gedicht ab.
3. Erfinde neue Verse für das Gedicht.
   Schnaddel di daddel di duddel di dest
   In den Zweigen ist ein N...
4. Male zu deinem Gedicht.

➦ S. 94
Wörter richtig abschreiben

Übungswörter

der Stuhl – die Stühle	das Fahrrad – die Fahrräder	draußen
die Sonne	der Baum – die Bäume	langsam
nehmen – er nimmt	hören – sie hört	warm
der Schuh – die Schuhe	der Zweig – die Zweige	

A. Trage die Wörter ein.

B.  Heute faren wir mit den Redern zum Schpielplatz.
Ein Kind hat beim Schreiben 3 Fehler gemacht.
Erklärt, wie man den Satz richtig schreibt.

➦ S. 96 bis S. 99
Mit Übungswörtern arbeiten
1 3 9 11

schreibt richtig ab
arbeitet mit Übungswörtern
führt Rechtschreibgespräche

AH S. 28

67

Im Sommer

Sonne, Wonne,
Regentonne.
Wasser gießen,
Blumen sprießen.
Gelbe, blaue, rote Blüten
vor der Sonne muss man sich hüten.

Jakob

Eis
Hitze
baden
Melone
schmecken
frei
Strand

Zitrone
heiß
lecken
Sand
einladen
spitze
vorbei

So schreibst du ein Elfchen:
1 Wort → Sommer
2 Wörter → Ich schwitze
3 Wörter → Es ist heiß
4 Wörter → Ich muss ins Wasser
1 Wort → Wunderbar

Sommer
Ich liege
in der Sonne
und esse süßes Eis
Sommer

Marie

1. Lies die Gedichte.

2. Wähle aus:
   • Schreibe ein Gedicht wie Jakob.
     Die Sommer-Reimwörter helfen dir.
   • Schreibe ein Elfchen wie Marie.
     Achte auf den Tipp von Mobi.
     Sammle zuerst Stichwörter für dein Elfchen.

3. Male zu deinem Gedicht ein Schmuckblatt.

4. Stellt eure Gedichte aus.

S. 106
Stichwörter
für Texte
sammeln

Sommer
– Eis
– Strand

68   entwickelt und sammelt Schreibideen (Stichwörter)
schreibt kurze Texte nach Mustern (Gedicht)
gestaltet mit Schrift   AH S. 43

Traumhafte Ferien

Ich fahre mit meinen Eltern und
meinem Freund Ali
in einem Boot.
Wir paddeln den ganzen Tag.
Am Abend bauen wir
unser Zelt auf.
Wir sind müde
und schlafen schnell ein.

Ranja

Traumhafte Ferien

Ich fliege mit meinem Opa
zum Mond.
Und dann machen wir
einen Spaziergang.
Dann nehmen wir Steine mit.
Und dann fliegen wir
wieder nach Hause.

Leon

1. Lies die beiden Texte.
2. Schreibe den Text von Leon neu.
3. Schreibe eine eigene Geschichte.
   Tipp: Du kannst zuerst Stichwörter sammeln.
4. Lest eure Geschichten vor.
5. Überlegt: Was fällt uns bei den Texten auf?

Deine Sätze fangen oft mit **und dann** oder **dann** an.

➜ S. 114
Gleiche Satzanfänge verändern

Übungswörter

das Boot – die Boote	die Luft	müssen – ich muss
schwimmen – sie schwimmt	der Stein	der Spaß – die Späße
der Abend – die Abende	der Himmel	das Wasser
der Mond – die Monde	heiß	

A. Trage die Wörter ein.

B.
   Im Somer esse ich vil Eis und gehe oft ins Freibat.
   Ein Kind hat beim Schreiben 3 Fehler gemacht.
   Erklärt, wie man den Satz richtig schreibt.

➜ S. 96 bis S. 99
Mit Übungswörtern arbeiten
2 8 11 12

verändert gleiche Satzanfänge
schreibt eigene kurze Texte
arbeitet mit Übungswörtern

Das Lern-Mobile

Sprechen und zuhören

Zuhören und verstehen	72
Informationen erfragen und weitergeben	74
Zu einer Bildergeschichte erzählen	76

Richtig schreiben

Deutlich sprechen:

Wörter in Silben zerlegen	78
Ähnliche Laute unterscheiden	80

Merken:

Merkwörter einprägen	82

Nachdenken:

Wörter mit **Sp/sp** und **St/st** schreiben	84
Wörter mit **b**, **d** oder **g** am Ende schreiben	86
Wörter mit **ä** und **äu** ableiten	88
Wörter mit **ie** schreiben	90
Lange und kurze Selbstlaute unterscheiden	92

Üben:

Wörter richtig abschreiben	94
Mit Übungswörtern arbeiten	96
Wörter nachschlagen	100
Wörter richtig aufschreiben	102
Fehler finden	104

Sprache untersuchen

Selbstlaute und Mitlaute unterscheiden	116
Nomen verwenden und erkennen	118
Verben verwenden und erkennen	122
Adjektive verwenden und erkennen	126
Sätze bilden und unterscheiden	128

Texte schreiben

Texte planen:
Stichwörter für Texte sammeln	106

Texte schreiben:
Eigene Texte schreiben	108

Texte überarbeiten:
Die richtige Reihenfolge beachten	110
Informationen ergänzen	112
Gleiche Satzanfänge verändern	114

Zuhören und verstehen

„In unserem Garten …"

So kannst du dir besser merken,
was andere erzählen oder vorlesen.

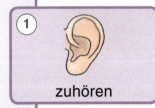

1 zuhören — Ich höre genau zu.

2 vorstellen — Ich stelle mir Bilder zu der Erzählung vor.

3 merken — Ich merke mir, was ich gehört habe.

„Erzähle einem anderen Kind, was du dir gemerkt hast."

S. 10, 16, 24

Übungen

> In unserem Garten lebt ein Igel.
> Am Tag lässt er sich nicht blicken.
> Er schläft dann unter einem Blätterhaufen.
> Wenn es dunkel wird, kommt er hervor.
> Er läuft über unseren Rasen zu den Sträuchern.
> Dort sucht er nach Früchten und
> frisst Raupen und andere kleine Tiere.
> Im Winter hält er Winterschlaf.

1. Lass dir den Text vorlesen.
2. Was hast du dir gemerkt? Erzähle.
3. Sieh dir die Bilder an.
   Was kommt nicht in der Geschichte vor?

4. Sucht euch einen Partner.
   - Erzählt euch gegenseitig ein Erlebnis
     (vom Wochenende, aus den Ferien, von deinem Geburtstag …).
   - Setzt euch anschließend in den Sitzkreis.
     Erzählt nun die Erlebnisse eures Partners allen anderen Kindern.
   - Wenn ihr etwas falsch erzählt, hebt der Partner die Hand.

AH S. 6, 7

Informationen erfragen und weitergeben

Du kannst mehr über ein Thema erfahren, wenn du die richtigen Fragen stellst.

Ich überlege:
- Was will ich wissen?
- Wen kann ich fragen?

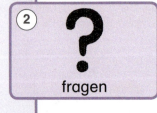

Ich stelle meine Fragen.

Ich schreibe
die Antworten auf.

Ich berichte,
was ich erfahren habe.

Übungen

1. Maria will in der Schule über Schnecken berichten.
   Sieh dir das Bild an.

2. Was willst du über Schnecken wissen?
   Überlege eigene Fragen.

3. Suche eine Person, die du fragen kannst.
   Schreibe die Antworten auf.

4. Berichte über das, was du nun über Schnecken weißt.

Fußball Piraten Pferde Türkei

5. Suche dir ein Thema aus, das dich interessiert.
   Überlege dir Fragen zu dem Thema.

6. Suche eine Person, die du fragen kannst.
   Schreibe die Antworten auf.

 7. Berichtet euch gegenseitig, was ihr erfahren habt.

 AH S. 5

Zu einer Bildergeschichte erzählen

So kannst du zu einer Bildergeschichte erzählen.

Ich schaue die Bilder der Reihe nach an.

Ich überlege:
- Was passiert in der Geschichte?
- Wie nenne ich die Hauptfigur?

Ich erzähle die Geschichte anderen Kindern.
Die Bilder helfen mir dabei.

S. 40, 52, 62

Übungen

1. Erzähle zu der Bildergeschichte.
2. Wie könnte die Geschichte weitergehen? Erzähle.
3. Male eine eigene kleine Bildergeschichte und erzähle dazu.

Eines Nachts brach Didi Dieb in das Haus von Max ein. Er zerschlug ...

AH S. 4

Deutlich sprechen:
Wörter in Silben zerlegen

Du kannst ein Wort leichter schreiben, wenn du es in Silben zerlegst.

① schwingen — Ich spreche das Wort in Silben und schwinge dazu.

② schreiben — Ich schreibe das Wort auf und spreche dazu.

Banane

③ zeichnen — Ich zeichne Silbenbögen unter das Wort und spreche dazu.

Banane

Jede Silbe hat einen Selbstlaut (Vokal).
B a n a n e

S. 5, 17, 20

Übungen

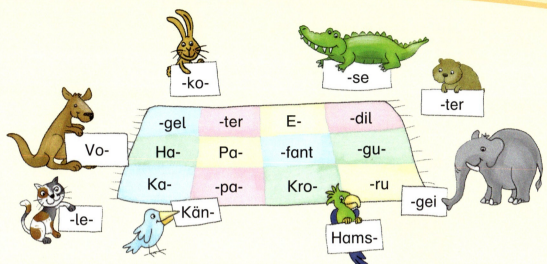

1. Suche die passenden Silben für die Tiernamen.
   Schreibe die Wörter auf und zeichne die Silbenbögen dazu.
   der Vogel, …

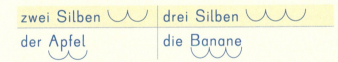

2. Sprich jedes Wort in Silben und schwinge dazu.
3. Trage die Wörter in eine Tabelle ein.

zwei Silben ⌣	drei Silben ⌣⌣
der Apfel	die Banane

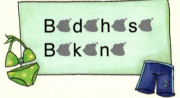

4. Schreibe die Wörter richtig auf
   und zeichne die Silbenbögen dazu.
   Schokolade, …

Schokoladenkuchenstück

Deutlich sprechen:
Ähnliche Laute unterscheiden

Schreibt man **Giraffe** am Anfang mit **G** oder mit **K**?

Giraffe schreibt man mit **G**. Da gibt es einen Trick mit der Hand.

Manche Laute klingen ähnlich.
So kannst du prüfen,
wie du ein Wort am Anfang schreibst.

Tipp **A**

viel Luft

prüfen

Wörter mit K/k, P/p, T/t am Anfang

Ich halte meine Hand vor den Mund.
Bei **K**, **P** und **T** spüre ich
viel Luft in der Hand.

Kerze, **P**uppe, **T**asse

Tipp **B**

wenig Luft

prüfen

Wörter mit G/g, B/b, D/d am Anfang

Ich halte meine Hand vor den Mund.
Bei **G**, **B** und **D** spüre ich
nur wenig Luft in der Hand.

Gürtel, **B**uch, **D**ose

S. 22, 23, 38

Übungen

Deckel
Dose

Kartoffeln
Korb
kaufen

Gurke
gesund

Tasse
Teller
Tee

bunt
Ball

Post
Paket
Puppe

1. Sprich die Wörter deutlich. Achte auf die Luft in deiner Hand.

2. Suche weitere Wörter mit
   P/p, **B/b**, **T/t**, **D/d**, **K/k** oder **G/g** am Wortanfang.
   P/p: Pause, …

3. Diktiere die Wörter einem anderen Kind.
   Sprich dabei deutlich.

4. Setze die fehlenden Buchstaben ein und lies die Sätze.

5. Schreibe die Sätze auf.
   Überlege bei jedem Wort, ob es ein Nomen (Namenwort) ist.

6. Schreibe eigene lustige Sätze aus Wörtern mit **K**, **P**, **T**, **G**, **B** und **D** auf.

Merken:
Merkwörter einprägen

Wie schreibt man das Wort **Zoo**?

Zoo schreibt man mit zwei **oo**.

Für manche Wörter gibt es keine Regel.
Das sind Merkwörter.

Tipp A

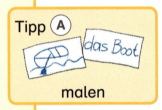

malen

Ich male ein Bild zu jedem Wort.
Ich schreibe das Wort auf die Rückseite.

Tipp B

aufschreiben

Ich schreibe die Wörter auf Karten.
Ich drehe die Karten um.
Ich schreibe die Wörter auswendig auf.

Tipp C

Rätsel schreiben

Ich schreibe Rätselkarten zu den Wörtern.
Ein anderes Kind soll mein Wort erraten.

Tipp D

Bingo spielen

Ich spiele mit anderen Kindern Bingo.

S. 38, 43, 55

Übungen

Wörter mit V, v

der Vulkan	die Kurve
der Vater	der Pullover
die Vase	vier
der Vogel	von
der Vampir	vor

Wörter mit X, x

die Hexe	das Lexikon
der Mixer	das Taxi
der Boxer	der Text
die Axt	mixen
die Nixe	boxen

Wörter mit aa, ee, oo

das Haar	der Tee	der Zoo
der Saal	der Kaffee	das Moos
das Paar	der See	das Boot
	der Schnee	das Moor

Wörter mit ih

ihr
ihre
ihm
ihn

Wörter mit ah, eh, oh, uh

der Zahn	zehn	das Ohr	die Uhr
das Fahrrad	nehmen	der Sohn	der Stuhl
das Jahr		wohnen	der Schuh
fahren			die Kuh
bezahlen			das Huhn

1. Schreibe die Merkwörter ab, die du üben möchtest.
   Merkwörter mit V, v: der Vulkan, …

2. Sammle weitere Merkwörter.

3. Übe deine Merkwörter.
   Die Tipps auf Seite 82 helfen dir.

 4. Wann ist ein Wort ein Merkwort? Erkläre.

AH S. 12–17

Nachdenken:
Wörter mit Sp/sp und St/st schreiben

Schpielplatz – Schtrand
Komisch!
Die Wörter werden anders geschrieben, als ich sie spreche.

Man spricht schp, aber man schreibt **sp**.
Man spricht scht, aber man schreibt **st**.

Das musst du bei Wörtern mit Sp/sp und St/st beachten.

Tipp A
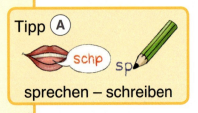
sprechen – schreiben

Ich spreche das Wort.

Ich beachte:
Bei schp schreibe ich **sp**.

Schpinne
Spinne

Tipp B
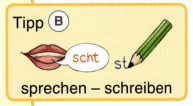
sprechen – schreiben

Ich spreche das Wort.

Ich beachte:
Bei scht schreibe ich **st**.

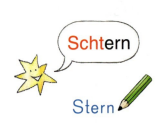
Schtern
Stern

Wörter mit **Sp/sp** und **St/st** sind **Nachdenkwörter**.
Du musst nachdenken,
damit du sie richtig aufschreiben kannst.

Übungen

1. Schreibe die Nomen (Namenwörter) mit Artikel (Begleiter) auf.

Sp	St
die Spinne	der Stern

2. Suche weitere Nomen mit **Sp** und **St**.

Stefan ▪reichelt die Katze.
Die Kinder ▪ielen am Strand.
Ali und Fatma ▪rechen zwei Sprachen.
Nele ▪eht auf dem Stuhl.
Max ▪ringt über einen Stein.

3. Schreibe die Sätze richtig auf.
   Stefan streichelt die Katze.

4. Schreibe eigene Sätze auf.
   Mobi strickt Strümpfe mit Streifen.

Wer hat die meisten Wörter mit **Sp/sp** und **St/st** in einem Satz?

Rock	winken	Ball		▪atz	▪inken	▪ift
Gift	Schatz	hören			▪ören	▪ein
	Bein	gucken		▪ock	▪ucken	▪all

5. Suche die Reimpaare.
   der Ball – der Stall

6. Schreibe drei Sätze mit den Reimwörtern.
   Der Ball rollt aus dem Stall.

Nachdenken:
Wörter mit **b**, **d** oder **g** am Ende schreiben

Warum schreibt man **Wald** am Ende mit **d**? Ich höre doch ein **t**.

Ich höre das **d**, wenn ich **die Wälder** sage.

So kannst du prüfen, wie du ein Wort am Ende schreibst.

Tipp — Mehrzahl bilden

Ich bilde bei Nomen die Mehrzahl.

d oder **t**?   der Hu d/t   : die Hü**t**e   – der Hu**t**

der Hun d/t   : die Hun**d**e   – der Hun**d**

g oder **k**?   die Ban g/k   : die Bän**k**e   – die Ban**k**

der Zwer g/k   : die Zwer**g**e   – der Zwer**g**

b oder **p**?   der Kor b/p   : die Kör**b**e   – der Kor**b**

Übungen

1. Fehlt **d** oder **t**?
   Bilde die Mehrzahl und schreibe die Wortpaare richtig auf.
   die Mon<u>d</u>e – der Mon<u>d</u>, …

Jeden Ta☐ macht sich Jonas mit dem Fahrra☐ auf den We☐ zu seinem Freun☐ Nils. Nils wohnt auf dem Lan☐.
Hinter dem Haus beginnt gleich der Wal☐.
Dort haben Jonas und Nils ein Zel☐ gebaut.

Wie kann die Geschichte weitergehen?

2. Schreibe den Text auf.
   Setze **d** oder **t**, **g** oder **k** richtig ein.

| das Kin☐ | der Hun☐ | das Hem☐ | der Kor☐ | das Sie☐ |

| das Flugzeu☐ | der Stran☐ | der Köni☐ | das Klei☐ | das Bro☐ |

3. Wie schreibt man diese Wörter richtig? Erkläre.
   Ich schreibe Kind mit d, weil die Mehrzahl …

Nachdenken:
Wörter mit **ä** und **äu** ableiten

So kannst du herausfinden,
ob man ein Wort mit **Ä/ä** und **Äu/äu** schreibt.

Tipp **A**

Einzahl bilden

Ich bilde bei Nomen die Einzahl.

a oder **e**? die H**ä/e**nde → die H**a**nd
die Z**ä/e**lte → das Z**e**lt

au oder **eu**? die M**äu/eu**se → die M**au**s
die Fr**äu/eu**nde → der Fr**eu**nd

Tipp **B**

der Kamm

kämmen

verwandtes Wort suchen

Ich suche ein verwandtes Wort.

k**ä/e**mmen → der K**a**mm
der Verk**äu/eu**fer → verk**au**fen

Bei manchen Wörtern mit **ä**
gibt es kein verwandtes Wort mit **a**.
Diese Wörter musst du dir merken:
der B**ä**r, der K**ä**se, der K**ä**fer, die S**ä**ge.

S. 25, 35

Übungen

1. Schreibe die Nomen in der Einzahl und Mehrzahl auf.
   die M<u>au</u>s → die M<u>äu</u>se, ...

der Kamm • kämmen • der Räuber • zählen • warm • die Kälte • rauben • der Raum • die Wärme • kalt • die Zahl • aufräumen

2. Schreibe die verwandten Wörter auf.
   die K<u>ä</u>lte → k<u>a</u>lt, ...

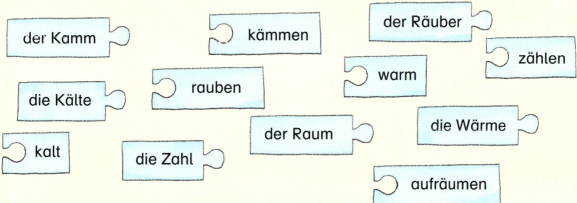

Tilos Tr_me
In manchen N_chten hat Tilo schreckliche Tr_me.
Zuerst überf_llt er als Bankr_ber eine Bank.
Dann versteckt er die B_te und l_ft vor der Polizei davon.

ä • ä • eu • äu • äu • äu • äu

3. Schreibe den Text richtig ab.
   Tilos Tr<u>äu</u>me

AH S. 22, 23   **89**

Nachdenken:
Wörter mit **ie** schreiben

So kannst du herausfinden,
ob ein Wort mit **i** oder mit **ie** geschrieben wird.

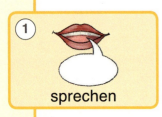

Ich spreche das Wort deutlich.

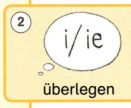

Ich überlege:
Klingt das **i** lang?

Ich schreibe **ie**,
wenn das **i** lang klingt.

die B**ie**ne

Achtung! Es gibt Ausnahmen:

- 🐯 Tiger   🚂 Maschine
  Das **i** klingt lang,
  aber man schreibt nur **i**.
- **ihr** **ihm** **ihn**
  Das **i** klingt lang,
  aber man schreibt **ih**.

Diese Wörter
musst du dir merken.

S. 34, 39, 44

Übungen

1. Sprich die Wörter deutlich. Klingt das **i** kurz oder lang?
2. Trage die Wörter in eine Tabelle ein.

i klingt lang → ie	i klingt kurz → i
der Spiegel	...

Ich liege auf der grünen ▦ .

Mit einem ▦ berühre ich das Gras.

Da krabbelt eine Ameise über mein ▦ .

3. Setze die Wörter ein und schreibe die Sätze richtig ab.
   Zeichne unter das **ie** einen ▬ und unter das **i** einen •.
4. Prüfe die Wörter.

sp_len   das L_cht   w_
der W_nd   i oder ie?
tr_nken   l_b   v_l   er l_st
die H_lfe

5. Schreibe die Wörter richtig auf.
   Prüfe die Wörter.

AH S. 26

Nachdenken:
Lange und kurze Selbstlaute unterscheiden

Ja. Nach einem kurzen **a** kommen zwei Mitlaute.

Schreibt man **Hammer** mit **mm**?

So kannst du herausfinden, wie man ein Wort schreibt.

sprechen

Ich spreche das Wort deutlich.

der Nagel | der Hammer

überlegen

Ich prüfe:
Klingt **a**, **e**, **i**, **o** oder **u**
lang (—) oder kurz (•)?

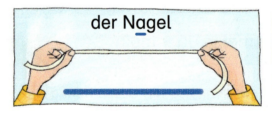

der Nagel

der Hammer

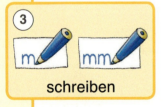

schreiben

Ich schreibe das Wort auf:

Nach einem **kurzen Selbstlaut**
schreibe ich meistens **zwei Mitlaute**: die Ki**s**te

Höre ich nur **einen Mitlaut**,
dann muss ich ihn **verdoppeln**: der Ha**mm**er

S. 48, 54

Übungen

1. Sprich die Wörter mit der passenden Bewegung. Achte auf den kurzen Selbstlaut.

2. Finde Reimpaare.
   der Ball — der Knall, …

3. Zeichne unter den kurzen Selbstlaut einen Punkt und kreise die Mitlaute ein.
   der Ball — der Knall, …

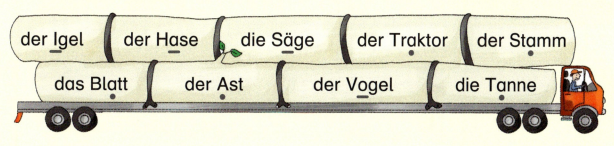

4. Sprich die Wörter. Achte auf den ersten Selbstlaut. Klingt er lang oder kurz?

5. Trage die Wörter in eine Tabelle ein.

langer Selbstlaut _	kurzer Selbstlaut .
der Hase	

6. Kreise die Mitlaute nach dem ersten Selbstlaut ein. Was fällt dir auf?

Üben:
Wörter richtig abschreiben

So kannst du richtig abschreiben.

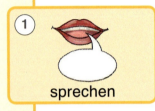

① sprechen — Ich spreche das Wort langsam und deutlich.

Fuß - ball

② merken — Ich merke mir die schwierige Stelle.

Fußball

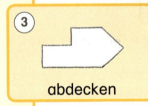

③ abdecken — Ich lese das Wort noch einmal. Ich decke das Wort ab.

④ schreiben — Ich schreibe das Wort und spreche dabei mit. Ich denke an die schwierige Stelle.

… ß … ll

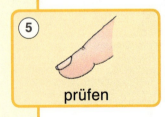

⑤ prüfen — Ich decke das Wort auf. Ich vergleiche die Wörter.

Bei einem Fehler schreibe ich das Wort noch einmal.

S. 13, 19, 26

Übungen

Mobi sitzt neben/auf seinem liebsten Baum.

Mobi fliegt/wandert in der Luft.

Mobi frisst einen Sonnenblumenkern/Apfel.

Die drei/zwei Marienkäfer und Mobi ruhen sich aus.

1. Welcher Satz passt zum Bild?
   Schreibe ihn ab.

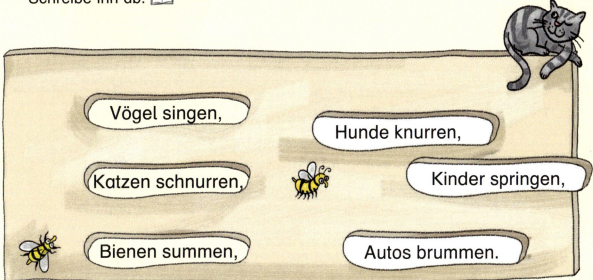

Vögel singen,
Hunde knurren,
Katzen schnurren,
Kinder springen,
Bienen summen,
Autos brummen.

2. Was reimt sich?
   Schreibe das Gedicht richtig ab.

Üben:
Mit Übungswörtern arbeiten 1

So kannst du üben, Wörter richtig zu schreiben.

anlegen

Ich lege einen Wörterkasten oder ein Wörterheft an.

eintragen

Ich trage die Übungswörter in meinen Wörterkasten oder in mein Wörterheft ein.

Überprüft, ob eure Wörter richtig geschrieben sind.

üben

Ich wähle eine Übung aus und bearbeite sie.

S. 15, 21, 27, 33, 39, 45, 51, 57, 59, 65, 67, 69

Übungen

1 Wörterzettel

- Schreibe 5 Übungswörter auf Zettel.
- Unterstreiche, was du schwierig findest.
- Schreibe die Wörter auswendig auf.
- Prüfe, ob du alles richtig geschrieben hast.

2 Partnerdiktat

- Dein Partner diktiert dir 5 Übungswörter.
- Wenn du ein Wort falsch schreibst, sagt dein Partner .

3 Geheimschrift

- Dein Partner schreibt 5 Wörter ohne Selbstlaute auf:
- Setze die Selbstlaute ein.
- Dein Partner prüft die Wörter.

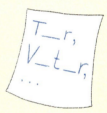

4 Nach Silben sortieren

- Trage in die Spalten 8 Übungswörter ein.

1 Silbe	2 Silben	3 Silben
Ball	Bruder	Krokodil

5 Blitzlesen

- Dein Partner schreibt 5 kurze Wörter auf Zettel.
- Er hält jeden Zettel kurz hoch.
- Du sagst das Wort.

97

Üben:
Mit Übungswörtern arbeiten 2

6 Zu Wörtern malen

- Dein Partner malt zu 5 Übungswörtern Bilder.
  Er schreibt die Wörter auf die Rückseite.
- Schreibe die Wörter zu den Bildern auf.
- Dein Partner prüft deine Wörter.

7 Nach dem Abc ordnen

- Schreibe 8 Übungswörter auf Zettel.
- Ordne die Wörter nach dem Abc (Alphabet).
- Schreibe die Wörter auf.
  der Affe, essen, heißen, …

8 Wörter mit doppelten Mitlauten suchen

- Schreibe 3 Übungswörter mit **-mm-**, **-nn-**, **-ll-**, **-ss-**, **-tt-** auf.
- Sprich die Wörter.
- Prüfe:
  Wie klingt der Selbstlaut vor den Mitlauten? die Sonne
- Schreibe eine Regel auf.

9 Nachdenkwörter erklären

- Suche dir 3 Nachdenkwörter aus.
- Erkläre deinem Partner die Regeln
  für die schwierigen Stellen.

> Ich höre das **d**
> in **Pferde**.
> Also schreibt man
> **Pferd** mit **d**.

10 Merkwörter einprägen

- Suche dir 3 Merkwörter aus.
- Kreise die schwierige Stelle ein. Vater
- Schreibe Sätze mit den Merkwörtern auf.

Übungen

11 Sätze bilden

- Schreibe zu 3 Wörtern einen Satz auf.
- Unterstreiche das Übungswort
  und kreise die schwierige Stelle ein.
  Vater: Mein Ⓥater liest mir gerne vor.
- 💡 Schreibe einen Satz auf,
  in dem alle drei Übungswörter vorkommen.

12 Nomen suchen

- Suche dir aus deinen Übungswörtern 6 Nomen aus.
- Schreibe sie in der Einzahl und Mehrzahl auf.
  das Haus – die Häuser

13 Adjektive suchen

- Suche dir aus deinen Übungswörtern 3 Adjektive aus.
- Schreibe zu jedem Adjektiv einen Satz.
- Unterstreiche das Übungswort.
  Das Auto ist blau.

14 Verben suchen

- Suche dir aus deinen Übungswörtern 3 Verben aus.
- Schreibe mit jedem Verb einen Satz.
- Unterstreiche das Übungswort.
  Ich rufe deinen Namen.

Üben:
Wörter nachschlagen

So kannst du Wörter im Wörterbuch oder in der Wörterliste nachschlagen.

1  Ich spreche das Wort und achte auf den ersten Buchstaben.

2 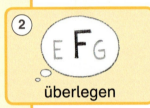 Ich überlege: Wo steht der Buchstabe im Abc? Steht er am Anfang, in der Mitte, am Ende?

3  Ich schlage die Seite im Wörterbuch auf. Ich suche das Wort.

4  Ich lese das Wort. Ich merke mir die schwierigen Stellen.   Fr<u>eu</u>nd

5  Ich schreibe das Wort auf und vergleiche mit dem Wörterbuch oder der Wörterliste.

Du findest das Wort leichter, wenn du auch auf den zweiten Buchstaben achtest.

S. 23, 38, 50

Übungen

Tobi

Tobi ist mein .

Ich werfe einen und Tobi fängt ihn auf.

Danach legen wir uns ins grüne und ruhen uns aus.

Tobi mag es, wenn ich sein weiches kraule.

Nachts schläft er bei mir im .

1. Lies den Text und schreibe die Wörter zu den Bildern in eine Tabelle.

Wort	Seite	verbessert
der Hun<u>t</u>	S. 132	der Hun<u>d</u>

2. Suche die Wörter und schreibe die Seite auf. Verbessere das Wort, wenn es falsch ist.

3. Schreibe den Text richtig ab.

4. Schreibe die Wörter zu den Bildern auf Zettel.

5. Unterstreiche in jedem Wort den zweiten Buchstaben und ordne die Wörter nach dem Abc (Alphabet).

6. Suche die Wörter und vergleiche, ob du sie richtig geschrieben hast.

AH S. 30

101

Üben:
Wörter richtig aufschreiben

So kannst du Wörter richtig aufschreiben:

1
sprechen

Ich spreche das Wort deutlich.

A-n-a-n-a-s

2
überlegen

Ich überlege:

- Schreibe ich das Wort, wie ich es spreche?

- Ist es ein Merkwort?

- Kenne ich eine Regel für die schwierige Stelle?

Mitsprechwort:
Ananas

Merkwort:
Zoo

Nachdenkwort:
Hun<u>d</u>e → Hun<u>d</u>

3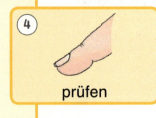
schreiben

Ich schreibe das Wort auf und spreche leise dazu.

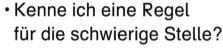

4
prüfen

Ich lese das Wort und überprüfe es.

S. 21, 31, 66

Übungen

Mitsprechwörter schreibe ich so, wie ich sie spreche.

1. Schreibe die Mitsprechwörter auf.
2. Prüfe die Wörter.

Manche Wörter schreibe ich anders, als ich sie spreche. Ich denke nach und finde eine Regel. Diese Wörter sind **Nachdenkwörter**.

3. Schreibe die Nachdenkwörter auf. Überlege, ob du eine Regel kennst.
   Hun<u>d</u> schreibt man mit <u>d</u>, weil die Mehrzahl Hun<u>d</u>e heißt.
4. Prüfe die Wörter.
5. Suche zu jeder Regel, die du kennst, 5 passende Wörter.

Manche Wörter sind **Merkwörter**. Für diese Wörter gibt es keine Regel.

6. Schreibe die Merkwörter auf.
7. Prüfe die Wörter.
8. Unterstreiche die schwierigen Stellen.

Üben:
Fehler finden

Du hast etwas geschrieben.
So kannst du prüfen, ob alles richtig ist:

1  sprechen

Ich spreche mir jedes Wort deutlich vor.

2 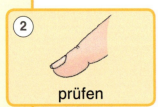 prüfen

Ich prüfe:
- Habe ich Buchstaben vergessen?
- Habe ich alle Satzanfänge großgeschrieben?
- Habe ich alle Nomen großgeschrieben?

3  überlegen

Ich überlege:
- Ist es ein Nachdenkwort?  Hunt oder Hund?
- Ist es ein Merkwort?  Fogel oder Vogel?

4  verbessern

Wenn ich einen Fehler
gefunden habe,
schreibe ich das Wort richtig.

Du kannst ein Wort auch im Wörterbuch
oder in der Wörterliste nachschlagen!

Übungen

Mein größter Wunsch

<u>ich</u> wünsche mir,
einmal in einer <u>rakete</u> zum Mond zu fliegen.
Vorher ziehe ich einen <u>raumanzug</u> an,
damit ich wie ein <u>richtger</u> Astronaut aussehe.
Ich schwebe über dem <u>Bodn</u>.
<u>dabei</u> fühle ich mich ganz leicht.

1. Micha hat eine Geschichte in sein Heft geschrieben.
   Seine Lehrerin hat ihm die falsch geschriebenen Wörter unterstrichen.
   Überlege, was hier falsch ist.
   Am Satzanfang schreibt man <u>ich</u> groß.

2. Schreibe den Text richtig ab.

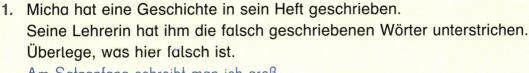

Die Erde dreht sich einmal am Tak um sich selbst.
Der Mont umkreist die Erde.
dafür braucht er fast einen Monat.
Es dauert ein Jar,
bis die Erde einmal um die Sone gewandert ist.

3. Lies, was Lisa aus dem Lexikon abgeschrieben hat.
   In jeder Zeile ist ein Fehler.

4. Schreibe die Fehler-Wörter richtig auf.
   die Tage → der Tag

5. Prüfe die Wörter.

Texte planen:
Stichwörter für Texte sammeln

So kannst du Ideen für deine Texte finden.

1
überlegen

Ich überlege:
- Worüber möchte ich schreiben?
- Ich schreibe mein Thema auf.

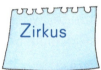

2
überlegen

Ich überlege:
Welche Wörter fallen mir zu meinem Thema ein?

3
schreiben

Ich schreibe Stichwörter auf.

Zirkus
— ein Zauberer mit Kaninchen
— Clown
— Löwe springt durch Reifen
—

Suche dir Stichwörter aus, mit denen du deine Geschichte schreiben willst.

Übungen

Jan sammelt Stichwörter zum Thema Spielen.
Er sucht ein Stichwort aus und schreibt dazu.

1. Was spielst du gern?
   Schreibe Stichwörter auf.

2. Suche zwei Stichwörter aus und schreibe dazu.

3. Welchen Wunsch soll deine Fee erfüllen?
   Schreibe Stichwörter auf.

4. Schreibe eine Geschichte zu deinem Wunsch.

5. Worüber möchtest du schreiben?
   Schreibe Stichwörter dazu auf.

6. Schreibe mit deinen Stichwörtern eine Geschichte.

Texte schreiben:
Eigene Texte schreiben

So kannst du eine eigene Geschichte schreiben.

①
schreiben

Ich suche ein Thema aus
und schreibe Stichwörter dazu auf.

②
überlegen

Ich überlege:
- Wer kommt in meiner Geschichte vor?
- Was passiert nacheinander?

③
schreiben

Ich schreibe
meine Geschichte auf.

Lies deine Geschichte
leise für dich.
Hast du noch etwas
vergessen?

④
schreiben

Ich schreibe
eine passende Überschrift
dazu.

S. 18, 30, 62

Übungen

1. Sieh dir das Bild an und suche dir eine Situation aus.
2. Schreibe Stichwörter dazu auf.
3. Überlege:
   • Was ist vorher passiert?
   • Was passiert gleich?
4. Schreibe eine Geschichte dazu.
5. Lies deine Geschichte vor.

Plötzlich kam ein roter Drache in unser Klassenzimmer.

Plötzlich verwandelte ich mich in einen winzigen Zwerg.

6. So fangen **Plötzlich-Geschichten** an. Suche dir einen Geschichten-Anfang aus. Schreibe Stichwörter auf, wie die Geschichte weitergeht.
7. Schreibe deine **Plötzlich-Geschichte** auf.
8. Überlege dir eine andere **Plötzlich-Geschichte**.
   Plötzlich …

AH S. 39–41

109

Texte überarbeiten:
Die richtige Reihenfolge beachten

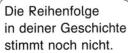

Die Reihenfolge in deiner Geschichte stimmt noch nicht.

Im Zoo
Ich war mit meiner Klasse im Zoo. Wir waren zuerst bei den Elefanten.
Ein Zoowärter hat die Seehunde mit Fischen gefüttert. Ein Elefant hat mit seinem Rüssel Heu nach uns geworfen.
Das war lustig.

Andere sollen deinen Text gut verstehen.
So kannst du die Reihenfolge prüfen:

Ich lese meinen Text.

Ich prüfe, ob die Reihenfolge stimmt:
• Was passiert zuerst?
• Was passiert danach?
• Habe ich etwas vergessen?

Ich verändere meinen Text, damit die Reihenfolge stimmt.

Lies deine Geschichte einem anderen Kind vor.

S. 37

Übungen

Bei der Feuerwehr

 Zuerst habe ich ein Feuerwehrauto angeschaut.
 Am Wochenende waren wir bei der Feuerwehr.
 Ich musste versuchen, in einen Reifen zu spritzen.
 Danach durfte ich den Wasserschlauch halten.
 Plötzlich hörten wir …

1. Die Reihenfolge von Antons Geschichte stimmt noch nicht.
   Ordne die Sätze und male die Zeichen
   in der richtigen Reihenfolge auf.
   ❀, …

2. Schreibe die Geschichte richtig ab.

3. Schreibe auf, wie die Geschichte weitergeht.
   Plötzlich hörten wir …

4. Lies deine Geschichte vor. (Reihenfolge?)

5. Schreibe auf,
   was du am Wochenende erlebt hast.

6. Prüfe, ob die Reihenfolge deiner Geschichte stimmt.

Texte überarbeiten:
Informationen ergänzen

Andere sollen deinen Text gut verstehen.
Darauf musst du achten.

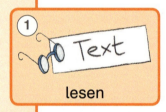

lesen

Ich lese meinen Text.

überlegen

Ich überlege:
- Habe ich etwas Wichtiges vergessen?
- Habe ich genau beschrieben, was passiert?

überarbeiten

Ich schreibe auf,
was ich vergessen habe.

Kann ich deine Geschichte verstehen, auch wenn ich nicht dabei war?

S. 41, 56, 62

Übungen

Das komische Gespenst
Ich war bei meiner Freundin Simone.
Wir haben uns zum Spaß verkleidet.
Der Bruder von Simone
wollte uns erschrecken.
Aber das hat er nicht geschafft.
Sina

1. Lest die Geschichte von Sina
   und seht euch das Bild dazu an.

2. Lest die Fragen von Boris.
   Schreibt die Geschichte so,
   dass Boris alles Wichtige weiß.

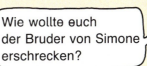

In der Lesenacht
Unsere Lehrerin las uns
eine Vampir-Geschichte vor.
Wir hörten ein komisches Geräusch.
Aber es war zum Glück nur
der Hausmeister.
Silke

Unsere Lesenacht
Am Freitag machte
unsere Klasse eine Lesenacht.
Die Vampir-Geschichte war
gruselig. Herr Roth kam herein
und sagte uns Gute Nacht.
Jakob

3. Lies die Geschichten von Silke und Jakob.
   Beide haben etwas Wichtiges vergessen.

4. Schreibe die Geschichte neu.
   Verwende dafür die Texte von Silke und Jakob.

5. Ein anderes Kind soll deine Geschichte
   mit den Texten von Silke und Jakob vergleichen.

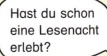

AH S. 45, 46

Texte überarbeiten:
Gleiche Satzanfänge verändern

Deine Sätze fangen oft mit **dann** oder **und dann** an.

In der Lesestunde
Jeden Mittwoch haben wir eine Lesestunde. Dann liest Frau Becker uns etwas vor. Und dann suchen wir uns Bücher aus. Und dann lesen alle Kinder. Dann erzählen wir uns von den Büchern.

Mia

So kannst du deinen Text verändern, wenn deine Sätze oft gleich anfangen.

① unterstreichen

Ich unterstreiche die Satzanfänge.

② überlegen

Ich überlege:
- Welche anderen Wörter kann ich nehmen?
- Kann ich **dann** oder **und dann** weglassen?

③ überarbeiten

Ich schreibe ein anderes Wort darüber.
Ich probiere aus,
wie mein Satz jetzt klingt.

S. 53, 69

Übungen

Andere Wörter für **dann** und **und dann**: zuerst, danach, später, jetzt, nun, zum Schluss, ...

Mein Vortrag über Spinnen
Ich will meine Klasse über Spinnen informieren. Zuerst leihe ich Bücher aus.
Dann suche ich im Internet.
Und dann drucke ich Bilder von Spinnen aus.
Dann mache ich damit ein Plakat.
Und dann probe ich meinen Vortrag.

Mark

1. Marks Sätze fangen oft gleich an. Überlege:
   • Welche anderen Wörter kann Mark nehmen?
   • Kann er **dann** oder **und dann** auch weglassen?

2. Schreibe den Text neu.
   Setze andere Wörter für **und dann** und **dann** ein.

3. Lies deinen Text und prüfe, wie die Sätze jetzt klingen.

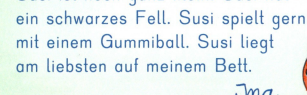

Meine Katze Susi
Susi ist noch ganz klein. Susi hat ein schwarzes Fell. Susi spielt gern mit einem Gummiball. Susi liegt am liebsten auf meinem Bett.

Ina

4. Inas Sätze fangen immer mit **Susi** an.
   Schreibe den Text neu.
   Wo willst du für **Susi** andere Wörter einsetzen?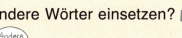

Andere Wörter für **Susi**: sie, meine Katze, ...

5. Lies deinen Text vor.

Selbstlaute und Mitlaute unterscheiden

Es gibt verschiedene Buchstabengruppen.

Tipp A

Selbstlaute erkennen

Selbstlaute heißen auch Vokale:
a e i o u

A, E, I, O, U –
ich verstecke mich im Schuh –
a, e, i, o, u –
und raus bist du.

Tipp B

Mitlaute erkennen

Mitlaute heißen auch Konsonanten:
b c d f g h j k l m n
p q r s t v w x y z

Es gibt Buchstaben, die nicht im Abc (Alphabet) stehen.

Tipp C

ä ö ü

Umlaute erkennen

Aus Selbstlauten können Umlaute werden:
ä ö ü

Ich esse gern **Ä**pfel, M**ö**hren und M**ü**sli.

Tipp D

Doppellaute erkennen

Es gibt doppelte Selbstlaute (Zwielaute):
au ei eu äu

Ich mag am liebsten n**eu**n Kugeln **Ei**s **au**s Schokolade.

S. 20, 26, 35

Übungen

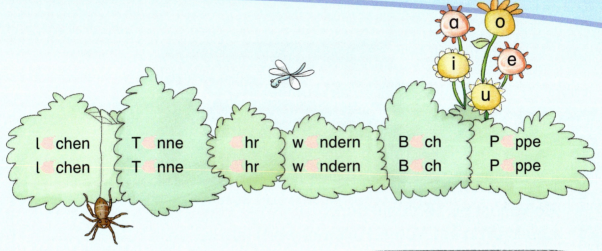

1. Mit den Selbstlauten (Vokalen) kannst du hier zwei Wörter bilden.
   lachen – lochen

2. Schreibe die Sätze von Mobi ab.
   Setze dabei die richtigen Selbstlaute (Vokale) ein.

3. Schreibe eigene Rätsel.
   Lass die Selbstlaute (Vokale) weg.

> K nnst d d n S tz l s n?
> ll V k l s nd v rschw nd n.
> D s h st d t ll g m cht!

Rätsel
Aus Fisch wird ein Möbelstück.
Aus Wand wird eine Gruppe von Bäumen.
Aus Blume wird ein Kleidungsstück.
Aus Suppe wird ein Spielzeug.

4. Schreibe die Sätze ab.
   Unterstreiche die Mitlaute (Konsonanten) blau.

5. Löse die Rätsel.
   Fisch – Tisch

6. Warum heißen Vokale auch Selbstlaute?
   Warum heißen Konsonanten auch Mitlaute?

Nomen verwenden und erkennen 1

So kannst du herausfinden,
ob ein Wort ein Nomen (Namenwort) ist.

Tipp A

überlegen

Ist mein Wort ein Name für
- einen **Menschen**?
- ein **Tier**?
- eine **Pflanze**?
- ein **Ding**?

Tipp B

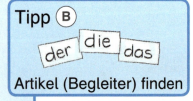

Artikel (Begleiter) finden

Kann mein Wort
einen **Artikel** (Begleiter) haben?

bestimmter Artikel	**unbestimmter Artikel**
der Bär	**ein** Bär
die Blume	**eine** Blume
das Haus	**ein** Haus

Tipp C

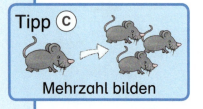

Mehrzahl bilden

Kann ich von meinem Wort
die **Einzahl** und **Mehrzahl** bilden?

eine Maus – viele Mäuse

Wörter für Menschen, Tiere, Pflanzen und
Dinge sind **Nomen** (Namenwörter).
Nomen (Namenwörter) schreiben wir groß.

S. 12, 13, 18, 32, 40, 65

Übungen

1. Lies die Nomen (Namenwörter) auf den Wegweisern und schreibe sie mit Artikeln (Begleitern) auf.
   ein Löwe — der Löwe, ...

2. Was siehst du auf dem Bild?
   Schreibe alle Nomen (Namenwörter) in der Einzahl und Mehrzahl auf.
   Kreise ein, was sich verändert.

Einzahl	Mehrzahl
der Baum	die B(äu)me

   der Affe — der Gorilla — das Zebra — die Gorillas — die Zebras
   der Seehund — ? — die Seehunde
   die Affen — ?

3. Stellt ein Paarspiel mit Tiernamen in der Einzahl und Mehrzahl her.

4. Vergleiche die Artikel (Begleiter) in der Einzahl und der Mehrzahl. Was fällt dir auf?

AH S. 65–67

Nomen verwenden und erkennen 2

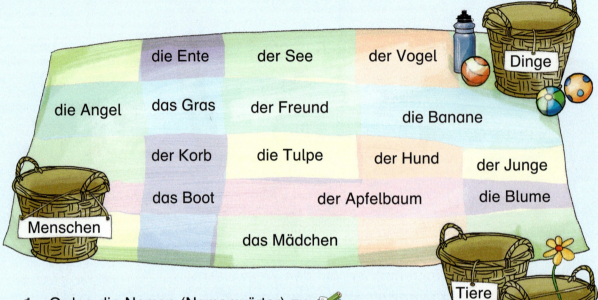

1. Ordne die Nomen (Namenwörter) zu.

Menschen	Tiere	Pflanzen	Dinge
das Mädchen	...	...	...

2. Suche weitere Nomen (Namenwörter) für Menschen, Tiere, Pflanzen und Dinge.

Ausflug zum see

sven und anke fahren mit dem fahrrad zum see.
Sie legen sich auf eine decke und beobachten
ein eichhörnchen.
Dann kommt tim mit seinem hund leo vorbei.
Leo jagt das eichhörnchen in den busch.

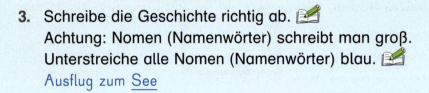

3. Schreibe die Geschichte richtig ab.
Achtung: Nomen (Namenwörter) schreibt man groß.
Unterstreiche alle Nomen (Namenwörter) blau.
Ausflug zum See

Übungen

BÄR KAMERA TIERARZT LAMA
BESUCHEN
JAGEN TIERPFLEGER KÄFIG
INTERESSANT
FLIEGEN GRAS KIND

1. Welche Wörter sind Nomen (Namenwörter)?
   Wähle zwei Wörter aus und begründe.
   Bär ist ein Nomen, weil es ein Name für ein Tier ist.

2. Schreibe jedes Nomen (Namenwort)
   in der Einzahl und Mehrzahl auf.
   der Bär – die Bären, …

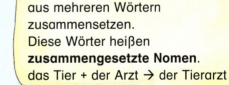

Du kannst Nomen (Namenwörter) aus mehreren Wörtern zusammensetzen. Diese Wörter heißen **zusammengesetzte Nomen**.
das Tier + der Arzt → der Tierarzt

3. Setze die Nomen (Namenwörter) zusammen.
   das Zootier, …

4. Bilde zusammengesetzte Nomen (Namenwörter) mit **Ball**.
   der Handball, …

5. Sieh dir die Artikel (Begleiter) der zusammengesetzten Nomen (Namenwörter) genau an. Was fällt dir auf?

Verben verwenden und erkennen 1

Du schwimmst.

So kannst du herausfinden,
ob ein Wort ein Verb (Tunwort) ist.

Tipp A

überlegen

Ich überlege:
- Kann man es tun?
- Passiert etwas?

Das Kind **lacht**.
Es **regnet**.

Mit Verben kannst du sagen, was jemand tut oder was passiert.

Tipp B

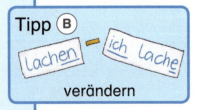

verändern

Ich probiere:
Kann ich **ich**, **du**, **er** davor setzen?
lach**en** – **ich** lach**e**
             du lach**st**
             er/sie/es lach**t**

Verben (Tunwörter) können sich ändern.

S. 23, 28, 52

Übungen

Wer wird wohl der Sieger sein?
Kannst du schnüffeln wie ein Hund?
Kannst du singen wie ein Vogel?
Kannst du trinken wie ein Kamel?
Kannst du springen wie eine Katze?
Kannst du hüpfen wie ein Känguru?
Kannst du brüllen wie ein Tiger?
Kannst du turnen wie ein Äffchen?
Kannst du quieken wie ein Schwein?
Kannst du alle diese Sachen,
dann musst du ein Wunder sein!

1. Welche Wörter sagen dir, was man tun kann?
   schnüffeln, …

2. Was kann man noch tun?
   Schreibe weitere Verben (Tunwörter) auf.

3. Spiele die Verben (Tunwörter) vor.
   Wer ein Verb errät, darf das nächste vorspielen.

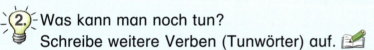

tasten — riechen — schmecken — hören — sehen

ich — du — er/sie/es

4. Setze **ich**, **du**, **er/sie/es** vor die Verben.
   ich taste — du tastest — er tastet, …

5. Schreibe weitere Verben auf.
   holen — ich hole, …

AH S. 68, 69   **123**

Verben verwenden und erkennen 2

In der Pause

Tina (spielen) mit dem Ball.

Leo und Sara (essen) ihr Pausenbrot.

Sie (spielen) ein Fangspiel.

Sara (rennen) schneller als Leo.

Er (stolpern) und (stürzen). Leo (bluten).

Sara (trösten) Leo und (holen) ein Pflaster.

Da (klingeln) es. Die Pause ist vorbei.

1. Schreibe die Geschichte richtig auf.
   Unterstreiche alle Verben (Tunwörter) rot.
   In der Pause
   Tina spielt mit dem Ball.

2. Bilde Sätze und unterstreiche die Verben (Tunwörter) rot.
   Ich laufe nach Hause.

3. Mobi sagt die Verben (Tunwörter) in der Grundform.
   Was haben Verben (Tunwörter) in der Grundform gemeinsam?

Übungen

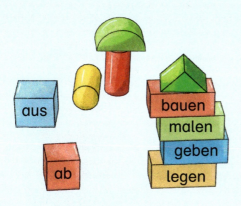

Viele Verben (Tunwörter) kann man mit Wortbausteinen verändern.
geben: angeben
abgeben
aufgeben
ausgeben

1. Setze mit den Wortbausteinen neue Verben (Tunwörter) zusammen.
   aufbauen, …

2. Bilde Sätze mit den neuen Verben (Tunwörter).
   Ich kann einen Turm aufbauen. Ich baue einen Turm auf.

aufhören – zuhören

- Ich erzähle Lara ein Geschichte. Lara kann gut .
- Ich kann nicht Eis zu essen.

abschreiben – beschreiben

- Ich kann meine Oma :
  Sie hat graue Haare und trägt eine Brille.
- Von der Tafel kann man gut .

ankommen – bekommen

- Wir fahren zum See. In einer Stunde werden wir dort .
- Gestern habe ich ein Brüderchen .

3. Welches Verb (Tunwort) passt? Schreibe die Sätze richtig ab.

Adjektive verwenden und erkennen

Es ist die Maus.

Es ist klein.
Es ist schnell.
Es ist grau.
Es wird von der Katze gefangen.

So kannst du herausfinden,
ob ein Wort ein Adjektiv (Wiewort) ist.

Tipp A

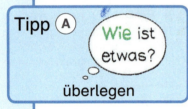

überlegen

Ich frage:
Wie ist die Maus?   Die Maus ist klein.
Wie ist der Elefant?   Der Elefant ist groß.

Tipp B

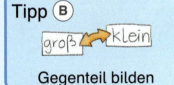

Gegenteil bilden

Ich überlege:
Gibt es das Gegenteil?
groß – klein
alt – jung

Tipp C

verändern

Ich probiere:
Kann ich das Wort vor ein Nomen setzen?
schnell – das schnelle Pferd

Mit Adjektiven (Wiewörtern) kannst du sagen,
wie etwas ist.
Wir können mit ihnen etwas genauer beschreiben.

S. 24, 30, 46

Übungen

1. Schreibe die Rätsel ab. Löse die Rätsel.
2. Unterstreiche alle Adjektive grün.
3. Schreibe eigene Rätsel. Dein Partner soll sie lösen.

4. Setze die passenden Adjektive ein. Suche das Gegenteil.
   Die Zitronen sind sauer.

Die Klasse 2 plant ein (lecker) Frühstück.
Es gibt (knusprig) Brötchen und Müsli mit (kalt) Milch.
Lisa hat (süß) Bananen mitgebracht.
Eric hat (saftig) Orangen gekauft.
Sie schneiden das Obst für einen (bunt) Obstsalat.

5. Schreibe den Text richtig ab.
   Die Klasse 2 plant ein leckeres Frühstück.

6. Wie schreibt man diese Adjektive (Wiewörter)? Begründe.

Sätze bilden und unterscheiden

Darf ich mitspielen?

Schieß den Ball zu mir!

Ich bin der Schiedsrichter.

Du kannst verschiedene Sätze bilden.
Mit den Sätzen kannst du etwas **erzählen**, **fragen** oder **befehlen**.

Tipp A

Aussagesatz: erzählen

Wenn ich erzähle, benutze ich **Aussagesätze**.
Ich setze am Ende einen Punkt.

Ole und Mia lachen.

Tipp B

Fragesatz: fragen

Wenn ich frage, benutze ich **Fragesätze**.
Ich setze am Ende ein Fragezeichen.

Was machen wir jetzt?
Kommst du mit?

Tipp C

Ausrufesatz: befehlen

Wenn ich befehle, benutze ich **Ausrufesätze**.
Ich setze am Ende ein Ausrufezeichen.

Spiel mit mir!

Am Satzanfang schreiben wir groß.

S. 29, 36, 42

Übungen

> Malte ist mein Freund
> In der Schule sitzt er neben mir
> Nachmittags spielen wir oft zusammen Fußball
> Malte spielt auch gern Karten
>
> LENA ☺

1. Hier fehlen vier Punkte.
   Schreibe die Sätze richtig ab.

- Heute möchte ich drei Tore schießen▪
- Warum ist Paul noch nicht da▪
- Darf ich mitspielen▪
- Ich spiele auch gern Fußball▪

2. Was sagen die Kinder?
   Schreibe die Sätze ab. Denke an die Satzzeichen . oder ? .

- Renn nach vorne▪
- Schau zu deinem Mitspieler▪

Ball abgeben · sich umziehen · Rücksicht nehmen · sich auf die Bank setzen · sich aufwärmen · sich ausruhen · nach vorne rennen · zum Mitspieler schauen

3. Was ruft der Fußball-Trainer?
   Schreibe die Ausrufesätze.
   Denke an das Ausrufezeichen ! .
   Gib den Ball ab!

Wörterliste

A

ab
der **Abend**, die Abende
acht
alle
alt
am
an
die **Ananas**
der **Apfel**, die Äpfel
der **April**
der **Arm**, die Arme
der **Ast**, die Äste
auch
auf
der **August**
aus
ausschneiden, sie schneidet aus
das **Auto**, die Autos

B

der **Ball**, die Bälle
die **Banane**, die Bananen
der **Bär**, die Bären
basteln, ich bastle
bauen, ich baue
der **Bauch**, die Bäuche
der **Baum**, die Bäume
der **Berg**, die Berge
das **Bett**, die Betten
der **Biber**, die Biber
die **Biene**, die Bienen

das **Bild**, die Bilder
ich **bin**, du bist
das **Blatt**, die Blätter
blau
die **Blume**, die Blumen
die **Blüte**, die Blüten
das **Boot**, die Boote
böse
der **Brief**, die Briefe
das **Brot**, die Brote
der **Bruder**, die Brüder
das **Buch**, die Bücher
die **Bücherei**, die Büchereien

C

der **Cent**
der **Computer**, die Computer

D

da
das **Dach**, die Dächer
dann
das
der **Delfin**, die Delfine
der
der **Dezember**
dicht
dick
die
der **Dieb**, die Diebe
dies, diese, dieser
der **Dinosaurier**
dir

der **Donnerstag**
die **Dose**, die Dosen
der **Drachen**, die Drachen
draußen
drei

E

das **Ei**, die Eier
ein, eine
eins
das **Eis**
der **Elefant**, die Elefanten
elf
die **Eltern**
die **Ente**, die Enten
er
die **Erde**
erfinden, er erfindet
die **Erfindung**, die Erfindungen
es
essen, er isst
der **Euro**

F

fahren, sie fährt
das **Fahrrad**, die Fahrräder
fallen, er fällt
der **Februar**
das **Fell**, die Felle
das **Fenster**, die Fenster
der **Fernseher**, die Fernseher
der **Film**, die Filme
finden, sie findet

der **Finger**, die Finger
fliegen, er fliegt
das **Flugzeug**
fressen, sie frisst
sich **freuen**, sie freut sich
der **Freund**, die Freunde
die **Freundin**, die Freundinnen
froh
der **Frühling**
fünf
der **Fuß**, die Füße

G

der **Garten**, die Gärten
geben, es gibt
der **Geburtstag**, die Geburtstage
das **Gedicht**, die Gedichte
gehen, sie geht
gelb
das **Geld**
das **Gemüse**
gern
das **Geschenk**, die Geschenke
das **Gesicht**, die Gesichter
die **Giraffe**, die Giraffen
das **Glück**
das **Gras**, die Gräser
grau
groß
grün
die **Gurke**, die Gurken
gut

131

H

das **Haar**, die Haare
sie **haben**, er hat
die **Hand**, die Hände
hart
das **Haus**, die Häuser
heben, er hebt
das **Heft**, die Hefte
heiß
heißen, ich heiße, er heißt
der **Herbst**
heute
die **Hexe**, die Hexen
die **Hilfe**
der **Himmel**
holen, sie holt
hören, er hört
der **Hund**, die Hunde
hüpfen, sie hüpft
der **Hut**, die Hüte

I

ich
der **Igel**, die Igel
ihm
ihn
ihr, ihre
im
in
er **ist**

J

die **Jacke**, die Jacken
das **Jahr**, die Jahre
die **Jahreszeit**, die Jahreszeiten
der **Januar**
jede, jeder
der **Juli**
der **Juni**

K

kalt
die **Karte**, die Karten
die **Katze**, die Katzen
das **Kind**, die Kinder
die **Klasse**, die Klassen
das **Klavier**
der **Klee**
das **Kleid**, die Kleider
klein
das **Knie**, die Knie
kochen, sie kocht
komisch
kommen, er kommt
können, sie kann
der **Kopf**, die Köpfe
das **Krokodil**, die Krokodile
die **Kuh**, die Kühe

L

das **Land**, die Länder
langsam
lassen, sie lässt
laufen, er läuft
leben, er lebt
der **Lehrer**, die Lehrer

die **Lehrerin**, die Lehrerinnen
lernen, sie lernt
lesen, sie liest
das **Licht**, die Lichter
lieb, liebe, lieber
das **Lied**, die Lieder
liegen, er liegt
die **Luft**
lustig

M

der **Mai**
malen, sie malt
der **Mann**, die Männer
der **März**
die **Maus**, die Mäuse
das **Meer**
mein, meine
mir
mit
mögen, ich mag
der **Mond**, die Monde
der **Müll**
der **Mund**, die Münder
müssen, ich muss
die **Mutter**, die Mütter

N

die **Nacht**, die Nächte
die **Nase**, die Nasen
nass
die **Natur**
nehmen, er nimmt
das **Nest**, die Nester
neun

der **Nikolaus**
die **Nixe**, die Nixen
der **November**

O

ob
das **Obst**
oft
das **Ohr**, die Ohren
der **Oktober**
die **Oma**, die Omas
der **Opa**, die Opas

P

der **Papagei**, die Papageien
das **Papier**, die Papiere
das **Pferd**, die Pferde
pflücken, er pflückt
plötzlich
das **Pulver**
die **Puppe**, die Puppen

Qu

der **Quark**
der **Quatsch**

R

das **Rad**, die Räder
das **Rätsel**, die Rätsel
die **Raupe**, die Raupen
rechnen, er rechnet
der **Regen**
reif

rennen, sie rennt
rot
rufen, er ruft

S

das **Schaf**, die Schafe
der **Schal**, die Schals
schauen, sie schaut
schenken, er schenkt
die **Schere**, die Scheren
der **Schmetterling**, die Schmetterlinge
die **Schnecke**, die Schnecken
der **Schnee**
schnell
schön
schreiben, er schreibt
der **Schuh**, die Schuhe
die **Schule**, die Schulen
der **Schüler**, die Schüler
die **Schülerin**, die Schülerinnen
die **Schwester**, die Schwestern
schwimmen, sie schwimmt
sechs
sehen, er sieht
sehr
sein, seine
die **Sendung**, die Sendungen
der **September**
sich
sie
das **Sieb**, die Siebe
sieben, sie siebt
sie **sind**, wir sind
singen, sie singt
der **Sommer**, die Sommer
die **Sonne**

später
spannend
der **Spaß**, die Späße
der **Spiegel**, die Spiegel
das **Spiel**, die Spiele
spielen, er spielt
springen, sie springt
der **Stall**, die Ställe
stehen, er steht
der **Stein**, die Steine
der **Stern**, die Sterne
der **Strand**, die Strände
die **Straße**, die Straßen
sich **streiten**, sie streiten sich
der **Stuhl**, die Stühle
die **Suppe**, die Suppen

T

der **Tag**, die Tage
die **Tanne**, die Tannen
die **Tasse**, die Tassen
das **Telefon**, die Telefone
der **Teller**, die Teller
das **Tier**, die Tiere
der **Tiger**, die Tiger
der **Tisch**, die Tische
der **Topf**, die Töpfe
tragen, sie trägt
der **Traum**, die Träume
die **Treppe**, die Treppen
trinken, er trinkt

U

die **Uhr**, die Uhren
und
uns

V

der **Vampir**, die Vampire
die **Vase**, die Vasen
der **Vater**, die Väter
verrückt
verschieden
sich **verstehen**, ich verstehe dich
sich **vertragen**, wir vertragen uns
viel, viele
vier
der **Vogel**, die Vögel
voll
von
vor
vorlesen, er liest vor

W

wann
warm
warum
was
das **Wasser**
der **Weg**, die Wege
wehen, es weht
weich
Weihnachten
weiß
die **Welt**, die Welten
wer
werden, es wird
das **Wetter**
wie
wieder
die **Wiese**, die Wiesen
der **Wind**, die Winde
der **Winter**, die Winter

wir
wo
die **Woche**, die Wochen
wohnen, sie wohnt
wollen, er will
das **Wort**, die Wörter
wünschen, du wünschst

X

Y

Z

die **Zahl**, die Zahlen
zählen, sie zählt
der **Zahn**, die Zähne
der **Zauberer**, die Zauberer
zaubern, er zaubert
der **Zauberspruch**, die Zaubersprüche
zehn
die **Zeit**
das **Zelt**, die Zelte
der **Zoo**, die Zoos
zu
der **Zucker**
zum
zur
zusammen
zwei
der **Zweig**, die Zweige
zwölf

135

Lernbereiche und Kompetenzen

	Sprechen und zuhören	Richtig schreiben
Mobis Besuch am Meer Seite 4–9		hält Wortgrenzen ein (8); kennt das Abc (9); ordnet Anlautbild und Buchstabe einander zu (4); setzt Wörter aus Silben zusammen (5); sortiert nach dem Abc (9); verschriftet lauttreu (7); zerlegt Wörter in Silben (5)
Ich – du – wir Seite 10–15	erzählt frei und verständlich (10); erzählt zu einem Bild (12); hört zu, versteht und reagiert (10)	arbeitet mit Übungswörtern (15); beachtet Großschreibung von Nomen (12, 14, 15); findet Fehler (15); führt Rechtschreibgespräche (15); kennt das Abc (14, 15); schreibt richtig ab (13); sortiert nach dem Abc (14)
Große und kleine Tiere Seite 16–21	hört zu, versteht und reagiert (16); spricht deutlich (21)	arbeitet mit Übungswörtern (21); beachtet Großschreibung von Satzanfängen (19); findet Fehler (21); führt Rechtschreibgespräche (21); schreibt richtig ab (19); schreibt Wörter richtig auf (21); setzt Wörter aus Silben zusammen (17); sortiert nach dem Abc (21); zerlegt Wörter in Silben (17, 20)
Fantastisch und märchenhaft Seite 22–27	erzählt zu einem Bild (22); hört zu, versteht und reagiert (24); spricht deutlich (26)	arbeitet mit Übungswörtern (27); beachtet Großschreibung von Nomen (26); beachtet Großschreibung von Satzanfängen (26); findet Fehler (27); führt Rechtschreibgespräche (27); leitet Wörter mit ä (und äu) ab (25); schlägt Wörter nach (22, 23, 26); schreibt richtig ab (22, 26); schreibt Wörter richtig auf (23); unterscheidet ähnliche Laute (B, D, G) (22, 23)
Hier und anderswo Seite 28–33	erfragt Informationen (und gibt sie weiter) (29); erzählt zu einem Bild (28)	arbeitet mit Übungswörtern (33); beachtet Auslautverhärtung (Wörter mit b, d, g am End (31, 33); findet Fehler (33); führt Rechtschreibgespräche (31, 33); schreibt Wörter richtig auf (31, 33)
Ideen und Erfindungen Seite 34–39	erfragt Informationen (und gibt sie weiter) (36); erzählt zu einem Bild (34, 38)	arbeitet mit Übungswörtern (39); findet Fehler (38); führt Rechtschreibgespräche (39); leitet Wörter mit ä (und äu) ab (35); prägt sich Merkwörter mit V, v ein (38, 39); schlägt Wörter nach (38); schreibt richtig ab (35); schreibt Wörter mit ie (34, 39); unterscheidet ähnliche Laute (P, T, K) (38)

schreiben	Lesen	Sprache untersuchen
	liest Sätze sinn-verstehend (8); liest Texte sinn-verstehend (6)	erkennt und bildet Reime (6); setzt Wörter aus Silben zusammen (5); zerlegt Wörter in Silben (5)
ntwickelt und sammelt chreibideen (Stichwörter) (11); estaltet mit Schrift (10); hreibt eigene kurze Texte), 11, 12)	erliest Wörter buchstabenweise und versteht sie (13)	verwendet (und erkennt) Nomen (12, 13, 15); zerlegt Wörter in Silben (15)
ickelt und sammelt eibideen (Stichwörter) (18); ibt eigene kurze Texte 18); ibt kurze Texte Mustern (Rätsel) (16)	liest Sätze sinn-verstehend (19); liest Texte sinn-verstehend (19)	bildet Nomen in Einzahl und Mehrzahl (18, 20); erkennt und bildet Reime (17); setzt Satzzeichen (19); setzt Wörter aus Silben zusammen (17); unterscheidet Selbstlaute und Mitlaute (20); verwendet (und erkennt) Nomen (18); verwendet Selbstlaute (20); zerlegt Wörter in Silben (17, 20)
ibt eigene kurze Texte ?4)	liest Sätze sinn-verstehend (24)	bildet Frage- und Aussagesätze (23); bildet Nomen in Einzahl und Mehrzahl (25); unterscheidet Selbstlaute und Mitlaute (26); verwendet (und erkennt) Adjektive (24, 27); verwendet (und erkennt) Nomen (25, 26, 27); verwendet (und erkennt) Verben (23, 27); verwendet Selbstlaute (26); verwendet Verben in Grund- und Personalform (23, 27)
ckelt und sammelt eibideen (30); ibt eigene kurze Texte 30, 31)	liest Texte sinn-verstehend (30)	bildet Frage- und Aussagesätze (29); bildet zusammengesetzte Nomen (32); setzt Satzzeichen (29); vergleicht deutsche Wörter mit Wörtern in anderen Sprachen (32); verwendet (und erkennt) Adjektive (30); verwendet (und erkennt) Nomen (32); verwendet (und erkennt) Verben (28); verwendet Verben in Grund- und Personalform (28)
htet die richtige Reihen- (37); ckelt und sammelt Schreib-) (37); ibt eigene kurze Texte 37); ibt kurze Texte nach Mustern :kbrief) (36)	liest Sätze sinn-verstehend (36); liest Texte sinn-verstehend (34, 35, 37)	bildet Frage- und Aussagesätze (36); setzt Satzzeichen (36); unterscheidet Selbstlaute und Mitlaute (35); verwendet Zwielaute (au, ei, eu) (35)

	Sprechen und zuhören	Richtig schreiben
Leseratten und Computermäuse Seite 40–45	entwickelt eine kurze Szene und spielt sie vor (43); erfragt Informationen (und gibt sie weiter) (44); erzählt frei und verständlich (42, 43); erzählt in entsprechender Abfolge nach (Bildergeschichte) (40); hört zu, versteht und reagiert (45)	arbeitet mit Übungswörtern (45); beachtet Auslautverhärtung (Wörter mit b, d, g am Ende) (44); findet Fehler (44); führt Rechtschreibgespräche (45); prägt sich Merkwörter mit Qu/qu ein (43); schlägt Wörter nach (44); schreibt einen Text am PC (44); sortiert nach dem Abc (44)
In der Natur Seite 46–51	erfragt Informationen (und gibt sie weiter) (47); erzählt zu einem Bild (46, 49); hört zu, versteht und reagiert (50)	arbeitet mit Übungswörtern (51); beachtet Auslautverhärtung (Wörter mit b, d, g am Ende) (46, 50); beachtet Großschreibung von Nomen (49); beachtet Großschreibung von Satzanfängen (49); findet Fehler (49); führt Rechtschreibgespräche (51); schlägt Wörter nach (50); schreibt Wörter mit St/st und Sp/sp (48, 49); unterscheidet lange und kurze Selbstlaute (48)
Gemeinsam geht es besser Seite 52–57	berichtet von Erlebnissen (52); erzählt in entsprechender Abfolge nach (Bildergeschichte) (52)	arbeitet mit Übungswörtern (57); findet Fehler (57); führt Rechtschreibgespräche (57); prägt sich Merkwörter mit X, x ein (55, 57); prägt sich Merkwörter mit Y, y ein (57); prägt sich Merkwörter mit ß ein (57); schreibt richtig ab (55); schreibt Wörter mit St/st und Sp/sp (52); unterscheidet lange und kurze Selbstlaute (54)
Durch das Jahr Seite 58–69	erzählt frei und verständlich (62); erzählt in entsprechender Abfolge nach (Bildergeschichte) (62); erzählt zu einem Bild (58); hört zu, versteht und reagiert (66); lernt ein Gedicht auswendig (59, 60)	arbeitet mit Übungswörtern (59, 61, 63, 65, 67, 69); beachtet Großschreibung von Nomen (65); beachtet Großschreibung von Satzanfängen (65); findet Fehler (59, 61, 63, 65, 67, 69); führt Rechtschreibgespräche (59, 61, 63, 65, 67, 69); erkennt Wortgrenzen (65); prägt sich Merkwörter mit ah, uh, oh, eh ein (66); schlägt Wörter nach (64); schreibt richtig ab (61, 64, 67); schreibt Wörter richtig auf (66); setzt Wörter aus Silben zusammen (61)
Das Lern-Mobile Seite 70–129	Zuhören und verstehen (72/73) Informationen erfragen und weitergeben (74/75) Zu einer Bildergeschichte erzählen (76/77) Weitere Seiten: vgl. Mobile 2 Lesebuch	Deutlich sprechen: Wörter in Silben zerlegen (78/79) Ähnliche Laute unterscheiden (80/81) Merken: Merkwörter einprägen (82/83) Nachdenken: Wörter mit Sp/sp und St/st schreiben (84/85) Wörter mit b, d oder g am Ende schreiben (86/87) Wörter mit ä und äu ableiten (88/89) Wörter mit ie schreiben (90/91) Lange und kurze Selbstlaute unterscheiden (92/93) Üben: Wörter richtig abschreiben (94/95) Mit Übungswörtern arbeiten (96–99) Wörter nachschlagen (100/101) Wörter richtig aufschreiben (102/103) Fehler finden (104/105)

e schreiben	Lesen	Sprache untersuchen
ızt Informationen (41); ltet ein eigenes Buch (40); ibt eigene kurze Texte 1, 42, 43, 44)	stellt ein Buch vor (41)	bildet Frage- und Aussagesätze (45); bildet zusammengesetzte Nomen (40); setzt Satzzeichen (42); verwendet (und erkennt) Adjektive (43, 45); verwendet (und erkennt) Nomen (40)
ene Texte schreiben (46); hreibt kurze Texte nach Mustern Plakat) (47)	liest Sätze sinnverstehend (46)	setzt Satzzeichen (49); verwendet (und erkennt) Adjektive (46); verwendet (und erkennt) Nomen (48); verwendet Verben in Grund- und Personalform (47); verwendet Wörter aus Wortfamilien (49, 51); verwendet Wörter aus Wortfeldern (47)
rgänzt Informationen (56); chreibt eigene kurze Texte (53); erändert gleiche Satzanfänge 53)	liest Sätze sinnverstehend (54); liest Sätze sinnverstehend (56)	bildet Frage- und Aussagesätze (54); setzt Satzzeichen (54); verwendet (und erkennt) Verben (52, 57); verwendet Verben in Grund- und Personalform (52); verwendet Verben in Imperativform (54); verwendet Verben mit den Wortbausteinen ver-, vor-, ab-, an-, auf-, aus- (55); verwendet Wörter aus Wortfeldern (56)
ickelt und sammelt eibideen (58, 68); ızt Informationen (62); altet mit Schrift (58, 68); ibt eigene kurze Texte 60, 61, 62, 66, 69); ibt kurze Texte nach Mustern tkarte) (63); ibt kurze Texte nach Mustern icht) (66); ıdert gleiche Satzanfänge (69)	lernt ein Gedicht auswendig (59, 60); liest Sätze sinnverstehend (63); liest Texte sinnverstehend (59, 60, 66)	bildet zusammengesetzte Nomen (64); erkennt und bildet Reime (60, 61, 67); verwendet und erkennt Nomen (64)
e planen: wörter für Texte sammeln 107) e schreiben: he Texte schreiben (108/109) e überarbeiten: ichtige Reihenfolge beachten 111) nationen ergänzen (112/113) he Satzanfänge verändern 115) ere Seiten: Mobile 2 Lesebuch	Weitere Seiten: vgl. Mobile 2 Lesebuch	Selbstlaute und Mitlaute unterscheiden (116/117) Nomen verwenden und erkennen (118–121) Verben verwenden und erkennen (122–125) Adjektive verwenden und erkennen (126/127) Sätze bilden und unterscheiden (128/129)

Quellenverzeichnis

Texte

S. 60: Bernhard Lins: Herbst ist ...; aus: Das Jahr lacht unterm Regenschirm.
Tyrolia, Innsbruck/Wien 1995

S. 67: Auszug aus KNISTER: Schnaddel di daddel; aus: KNISTER, Paul Maar,
Frühlingsboten und Hasenpfoten, K. Thienemann Verlag, Stuttgart – Wien

S. 77: Bildergeschichte nach Christa Holtei, Carola Holland: ABC-Suppe und Wortsalat.
Patmos 2006, Seite 32

Alle anderen Texte sind Originalbeiträge der Autorinnen.

Abbildungen

S. 28: l. o.: mauritius images/Rosing, r. o.: Mark Eveleigh/Alamy, l. u.: Chris Hellier/CORBIS, r. u.: Bloomimage/Corbis

S. 31: l. o.: Oleksandr Ivanchenko/Alamy, r. o.: Oleksandr Ivanchenko/Alamy, l. u.: mediacolor's/Alamy, r. u.: Joe Tree/Alamy

S. 34: Dieter Beselt/PantherMedia (Klette), mauritius images/Christine Steimer (Ente), futureinmage/iStockphoto (Schwimmflossen), Bernd Packert PantherMedia (Libelle), Sieghart Mair PantherMedia (Hubschrauber), blickwinkel/K. Thomas (Klettverschluss), Franziska Rehorz PantherMedia (Löwenzahn), OKAPIA KG, Germany (Fallschirmspringer)

S. 47: Uwe Landgraf/PantherMedia (Bienenstock), Konrad Wothe/LOOK-foto (Bienenwabe)

S. 58: Christa Holtei, Tilman Michalski, Das Große Familienbuch der Feste und Bräuche.
© 2005 Patmos Verlag GmbH & Co. KG

S. 80: T. Walcher, Aalen

© 2010 Bildungshaus Schulbuchverlage
Westermann Schroedel Diesterweg
Schöningh Winklers GmbH, Braunschweig
www.westermann.de

Das Werk und seine Teile sind urheberrechtlich geschützt. Jede Nutzung in anderen als den gesetzlich zugelassenen Fällen bedarf der vorherigen schriftlichen Einwilligung des Verlages. Hinweis zu § 52a UrhG: Weder das Werk noch seine Teile dürfen ohne Einwilligung gescannt und in ein Netzwerk eingestellt werden. Dies gilt auch für Intranets von Schulen und sonstigen Bildungseinrichtungen.
Auf verschiedenen Seiten dieses Buches befinden sich Verweise (Links) auf Internet-Adressen.
Haftungshinweis: Trotz sorgfältiger inhaltlicher Kontrolle wird die Haftung für die Inhalte der externen Seiten ausgeschlossen. Für den Inhalt dieser externen Seiten sind ausschließlich deren Betreiber verantwortlich. Sollten Sie dabei auf kostenpflichtige, illegale oder anstößige Inhalte treffen, so bedauern wir dies ausdrücklich und bitten Sie, uns umgehend per E-Mail davon in Kenntnis zu setzen, damit beim Nachdruck der Verweis gelöscht wird.

Druck A^4 / Jahr 2015
Alle Drucke der Serie A sind im Unterricht parallel verwendbar.

Redaktion: Ruth Mühlenhoff
Herstellung: Heike Freese
Umschlaggestaltung: Nijole Küstner mit einer Illustration von Silke Reimers
Layout: Nijole Küstner
Satz und technische Umsetzung: PER Medien+Marketing GmbH, Braunschweig
Druck und Bindung: westermann druck GmbH, Braunschweig

ISBN 978-3-14-124342-0

Das kann ich! –
Ein Kompetenzheft
zum Sprachbuch 2
gibt es zum kostenlosen
Download unter:
www.westermann.de/mobile

Mobile-Materialien Klasse 2

Sprachbuch 2	978-3-14-**124342**-0
Das kann ich!, Kompetenzheft zum Sprachbuch 2 (10er-Set)	978-3-14-**124473**-1
Lehrermaterialien und **Kopiervorlagen** mit **CD-ROM** zum Sprachbuch	978-3-14-**194342**-9
Lesebuch 2	978-3-14-**124352**-9
Das kann ich!, Kompetenzheft zum Lesebuch 2 (10er-Set)	978-3-14-**124479**-3
Lehrermaterialien und **Kopiervorlagen** mit **CD-ROM** zum Lesebuch	978-3-14-**194352**-8
Arbeitsheft 2 DS	978-3-14-**124452**-6
Arbeitsheft 2 DS mit **CD-ROM**	978-3-14-**124453**-3
Arbeitsheft 2 LA	978-3-14-**124454**-0
Arbeitsheft 2 LA mit **CD-ROM**	978-3-14-**124455**-7
Arbeitsheft 2 VA	978-3-14-**124456**-4
Arbeitsheft 2 VA mit **CD-ROM**	978-3-14-**124457**-1
Lernsoftware 2	978-3-14-**374342**-3
Lernsoftware 2 – Nachkaufset (5er)	978-3-14-**374512**-7
Themenheft 2 zum Lesen und Schreiben (blaue Variante)	978-3-14-**124492**-2
Themenheft 2 zum Lesen und Schreiben (grüne Variante) für den jahrgangsübergreifenden Unterricht	978-3-14-**124493**-9
Beobachten, fördern und fordern im Deutschunterricht, Kartei 2	978-3-14-**120496**-4
Lern-Mobile Deutsch 2, Förder- und Forderhefte:	
– Sprechen und Zuhören	978-3-14-**120708**-8
– Richtig schreiben	978-3-14-**120709**-5
– Texte schreiben	978-3-14-**120710**-1
– Lesen	978-3-14-**120711**-8
– Sprache untersuchen	978-3-14-**120712**-5
– Spielen	978-3-14-**120713**.2
– Lernstände feststellen	978-3-14-**120714**-9

Kreuz und quer durch die Mobile Wörterliste

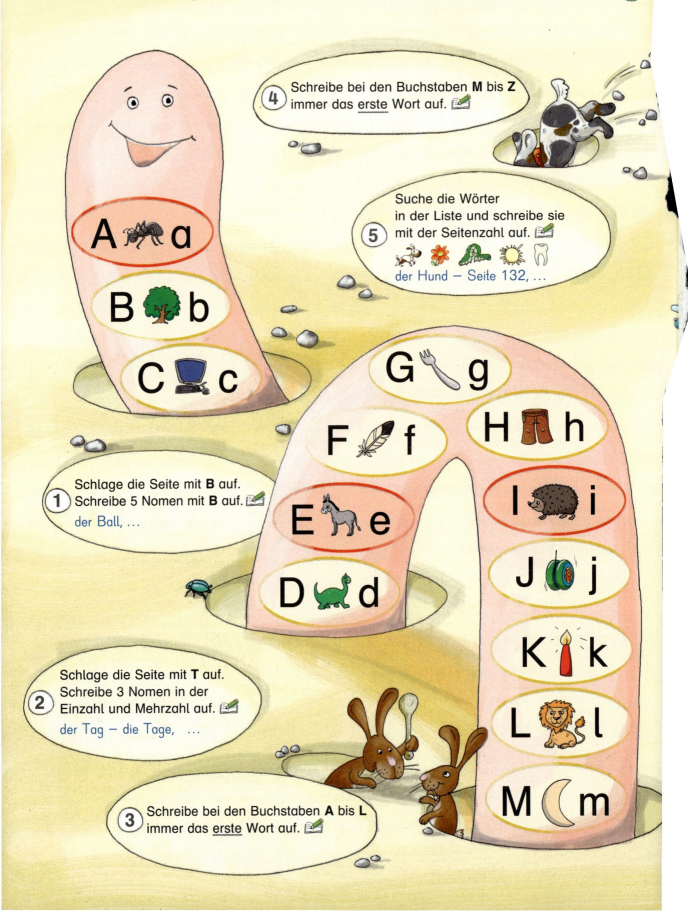